AF380527

Leopold von Ranke

Gesammelte politische Schriften

e-artnow 2018

Leopold von Ranke
Historiografische Werke: Friedrich II. König von Preußen + Das Römische Imperium der Cäsaren + Savonarola + Napoleon I. und Napoleon III. + Zum Kriege …von England + Frankreich und Deutschland…

Gustav Freytag
Der Kronprinz und die deutsche Kaiserkrone - Erinnerungsblätter deutscher Regimenter: Deutsch-Französische Krieg 1870/71

Alfred Klabund / Henschke
Deutsche Literaturgeschichte in einer Stunde - Von den ältesten Zeiten bis zur Gegenwart

Friedrich Schiller
Geschichte des dreißigjährigen Kriegs

Theodor Fontane
Wanderungen durch die Mark Brandenburg (Band 1- 5)

Leopold von Ranke

Gesammelte politische Schriften

Die großen Mächte + Frankreich und Deutschland + Politisches Gespräch + Zum Kriege 1870/71 + Fürst Bismarck + Der Krieg gegen Österreich...

e-artnow, 2018
Kontakt: info@e-artnow.org
ISBN 978-80-273-1888-9

Inhaltsverzeichnis

Politisches Gespräch

(1836)

FRIEDRICH: So glänzend kommst du zu mir, in der Staatsratsuniform, sogar mit deinen ausländischen Orden?

KARL: Ich wette, du hast nicht einmal die Wagen vorbeirollen hören; wolltest du aber zwei Schritte mit mir gehen, so würde ich dir die hellerleuchteten Fenster zeigen, von denen ich herkomme. Sie strahlen über die ganze Straße daher.

FRIEDRICH: Und aus alle dem Glanze stiehlst du dich in die Einsamkeit dieser Studierstube?

KARL: Um meinem benediktinischen Bruder guten Abend zu wünschen. Nachdem man Welt gesehen, sucht man auch einen Menschen auf; nachdem man Konversation geführt, will man auch eines Gespräches genießen.

FRIEDRICH: Ich kann mir den Unterschied, den du da machst, schon gefallen lassen; sei mir desto herzlicher willkommen!

KARL: Du glaubst ja ohnehin nicht, daß es mich befriedigen könnte, mich unter alle den Herrschaften zu bewegen, die mancherlei Meinungen und Notizen, die einen Salon beherrschen, mit der Nuance der meinigen zu versetzen.

FRIEDRICH: Du redest, wie die meisten Weltkinder reden, von Byron an; du fühlst dich ermüdet, abgespannt.

KARL: Welt und Konversation geben doch nur eine Berührung im Elemente des Allgemeinen, an der Oberfläche des Geistes: man sieht Menschen, welche die Gunst der Umstände oder die Geburt auf die Höhe der Gesellschaft gehoben; man hört von den Dingen, auf welche der Augenblick die Aufmerksamkeit gelenkt hat; es ist eine Gemeinschaft der flüchtigsten Art, die sich unaufhörlich verwandelt und dabei doch jahraus jahrein die nämliche bleibt. Es gibt Leute, die darin ihre Befriedigung sehen; mir ist dieses abwechselnde Einerlei etwas drückend.

FRIEDRICH: Gleichwohl wirst du es nicht völlig entbehren wollen. Es müssen in der vornehmen Gesellschaft doch zugleich die Interessen der Welt, durch welche sie wirklich in Bewegung gesetzt wird, wäre es auch nur flüchtig und, wie du sagst, an der Oberfläche, zutage kommen. Es muß euch interessant sein, sie hervortauchen, immer stärker werden, zur Herrschaft gelangen, wieder verschwinden zu sehen. Wovon sprach man heute vorzüglich?

KARL: Mein Gott, es wiederholt sich die Zeitung, wie ein jeder sie auffaßt: Spannung zwischen England und Rußland; Portfolio; Rückgabe von Silistria; die Reise der französischen Prinzen; Alibaud; die geringe Aufmerksamkeit, welche man heutzutage den Kammerverhandlungen widmet; Eisenbahnen und Perkussionsgewehre; Krieg und Friede: mit einem Worte alles, was du willst.

FRIEDRICH: Aber einige Gesichtspunkte, einige Meinungen walteten vor?

KARL: Nach den verschiedenen Ständen. Den jungen Offizieren leuchten die Augen bei dem bloßen Gedanken an Krieg, ohne daß sie viel danach fragen sollten, gegen wen es gehe; – sie ergreifen die Feindseligkeiten des Portfolio; – sie glauben, man wolle es in England ernstlich zum Bruche bringen; – sie zweifeln nicht, daß das Feuer dann unverzüglich das übrige Europa und die Welt ergreifen werde.

FRIEDRICH: Was wäre es auch für eine Armee, die den Krieg nicht von Herzen herbeiwünschte: Tätigkeit, Geltung, Avancement? Ich verdenke es keinem.

KARL: Es ist nur sonderbar, daß man niemals gewaltiger und allgemeiner gerüstet war als jetzt, und daß man niemals längeren Frieden hatte.

FRIEDRICH: Das bedingt sich nun wohl. Der Krieg wurde sonst mit dem Überschuß der Kräfte geführt, mit den Leuten, die man entbehren konnte, mit dem Gelde, das sich entweder im Schatze fand oder doch ohne allzu große Anstrengung aufzubringen war; jetzt schlagen die Nationen, bewaffnet wie sie sind, beinahe Mann bei Mann, mit aller ihrer Kraft; die Kosten der ersten Ausrüstung schon sind unerschwinglich; zu einem Kampfe auf Leben und Tod müßte man sich gefaßt machen; kein Wunder, daß man sich ein wenig besinnt. – Aber du wolltest noch von einer andern Meinung reden.

KARL: Die Administration dagegen sieht mit Vergnügen den langen Frieden kommen. Man hört auf, den Gegensatz der absoluten und konstitutionellen Monarchien zu fürchten, der die Aussicht alle die Jahre daher bewölkte und so gefährlich schien. Justemilieu, das sich so lange ruhig halten mußte, schöpft wieder Atem. Man hofft, alles werde die Unmöglichkeit einsehen, in den Extremen zu regieren.

FRIEDRICH: Und zu dieser Meinung, dünkt mich, wirst auch du dich halten.

KARL: Wie könnte ich anders? Darf sich die Politik der unaufhörlichen Bewegung der populären oder den retardierenden Prinzipien der aristokratischen Tendenzen ergeben? Und muß man nicht in ihrem Kampfe eine Stellung zwischen ihnen ergreifen, schon darum, um ihnen nicht dienstbar zu werden und sich nicht durch ihren Impuls von dem, was man will, zu dem, was man nicht will, fortreißen zu lassen?

FRIEDRICH: Sehr weise.

KARL: Und sehr notwendig. Wo wäre auch ein Staat, der sich nicht in der Notwendigkeit sähe, diesen Ausweg zu ergreifen? Man hätte glauben sollen, nach der letzten französischen Revolution würden Bewegung und Liberalismus ein unwiderstehliches Übergewicht davontragen; aber die aus dem Umsturz hervorgegangene Regierung selbst sah sich nach wenig Tagen gezwungen, sich in den Widerstand zu werfen, und es liegt vor Augen, welche Rückwirkung dies, wie auf das gesamte Europa, so besonders auf unser konstitutionelles Deutschland ausgeübt hat. Die Whigs schiffen zwischen Radikalismus und konservativen Prinzipien: sie mögen jenen noch so sehr zu begünstigen scheinen, so haben sie diese nicht aufgegeben.

FRIEDRICH: Glaubst du in der Tat, daß sich auf solche Weise regieren läßt?

KARL: Wärst du nicht dieser Meinung?

FRIEDRICH: Ich befinde mich in dem besonderen Falle, dir im ganzen beizustimmen und dabei doch widersprechen zu müssen.

KARL: Was kannst du aber dagegen sagen? Erkläre mir deine Meinung!

FRIEDRICH: Hast du auch Neigung, indem du aus einer heiteren Gesellschaft kommst, geduldig auf die Erörterung einer sehr ernsten Frage einzugehen? Denn tiefer, als du denkst, möchten wir fortgezogen werden.

KARL: Wie sollte ich nicht: auf diese Weise gelangen wir ja allein von der Konversation zum Gespräch, von dem Abgemachten zu dem Suchen und Finden.

FRIEDRICH: Antworte mir denn zunächst auf eine Frage: hast du wohl je bestätigt gefunden, was so häufig ausgesprochen wird, die Wahrheit liege in der Mitte?

KARL: Ich habe wenigstens immer bemerkt, daß sie nicht in den Extremen zu suchen ist.

FRIEDRICH: Aus den Extremen aber wirst du nicht auf die Wahrheit schließen können. Die Wahrheit liegt überhaupt außer dem Bereiche des Irrtums. Aus allen Gestalten des Irrtums zusammengenommen könntest du sie nicht abstrahieren: sie will gefunden sein, angeschaut, an und für sich, in ihrem eigenen Kreise. Aus allen Ketzereien der Welt könntest du nicht entnehmen, was das Christentum ist; du mußt das Evangelium lesen, um es kennenzulernen. Ja, wir dürfen behaupten, aus allem Lob und Tadel der Welt wird sich noch kein gesundes Urteil bilden lassen, so gewissenhaft du auch die Mitte zwischen beiden aufsuchen magst.

KARL: Ich will deinen Satz fürs erste gelten lassen; was hat das aber mit dem Justemilieu zu schaffen?

FRIEDRICH: Auch in dem Staat nimmst du Extreme der Meinung wahr. Ich gebe dir zu, daß sie die rechte nicht enthalten mögen; wer sagt dir aber, daß diese in der Mitte liegt?

KARL: Der Staat ist kein Doktrin. Die Parteien verteidigen nicht bloß Meinungen: sie selbst sind Kräfte, Gewalten, die einander gegenüberstehen, einander bekämpfen, sich aus der Stelle treiben, wie wir ja täglich wahrnehmen.

FRIEDRICH: Und zwischen denen nun, meinst du, soll die Regierung das Gleichgewicht erhalten?

KARL: Jawohl. Regieren ist Führen, Lenken.

FRIEDRICH: Ich frage dich aber, wie sie das vermag? Wo nimmt sie die Kraft dazu her?

KARL: Es gibt in unserer Zeit keine Verfassung, welche der Regierung, auch einer beschränkten, nicht ein bedeutendes Maß von Macht zugestünde.

FRIEDRICH: Erlaub mir! Macht an sich tut es nicht; sie ist ein Instrument, bei dem es erst darauf ankommt, wozu man es braucht, ob man es überhaupt zu brauchen versteht. Deine Regierung würde keine Bedeutung in sich selbst haben.

KARL: Wieso das? Hat es keine Bedeutung, den Kampf zu verhüten, das allgemeine Beste zu befördern? – Höre mich an! – Wie wir auch Staat und Gesellschaft definieren mögen, so bleibt immer ein Gegensatz zwischen Obrigkeit und Untertan, zwischen der Masse der Regierten und der kleinen Zahl der Regierenden. Die Dinge mögen nun stehen, wie sie wollen, so wird sich allemal finden, daß zuletzt das Interesse der großen Zahl überwiegt, der Regierende sich auf eine oder die andere Weise unterordnet. In der Masse aber wird es immer Entzweiungen geben, verschiedene Parteien, was wir nicht eben allemal als Desorganisation betrachten dürfen; es ist häufig nur eine Lebensform, bei welcher das allgemeine Wohl recht gut gedeiht. Was kann da die Regierung Besseres tun, als daß sie die Übermacht der einen und der andern oder ein gefährliches Zusammentreffen beider vermeidet?

FRIEDRICH: Du entschlüpfst mir damit nicht. Auf diese Weise wird die Welt den Parteien gehören; in ihnen wird das Leben liegen, die Regierung wird nur der Punkt der Indifferenz sein; eben dies kann ich dir nicht zugeben.

KARL: Und warum nicht?

FRIEDRICH: Du wirst mir zugestehen, und es liegt in deinen Worten, daß die Parteien, von denen du redest, geistige Kräfte repräsentieren, nicht allein ein gewisses Maß von Macht.

KARL: Ohne Zweifel Kräfte und Tendenzen.

FRIEDRICH: Muß nicht die Regierung, um diese Kräfte zu bekämpfen, in Zaum zu halten, selber eine stärkere geistige Kraft sein? Du schreibst ihr eine Handlung zu: was ist das Agens, das Wirksame? Mit dem bloßen guten Willen der Vermittlung wirst du es nicht ausrichten. Eine Wesenheit, ein Selbst mußt du haben.

KARL: Wie dem auch sei, soviel bleibt immer wahr, daß die Regierung die Mitte zwischen den Parteien wird behaupten müssen.

FRIEDRICH: Eben hier liegt unsere Übereinstimmung und unsere Differenz. Es gibt, deucht mich, eine doppelte Vorstellung von Justemilieu. Nach der einen ist es eigentlich negativer Art: da machen die Parteien den Staat aus; die herrschende Gewalt ist nur beflissen, keiner unrecht zu tun, sich zwischen ihnen zu halten. Das schien mir deine Vorstellung zu sein. Nach der andern aber ist es vielmehr positiv: es stößt allerdings die Parteien, die Extreme von sich aus, aber nur darum, weil es seinen eigenen positiven Inhalt hat, seine natürliche eigentümliche Tendenz, die es vor allem durchsetzen muß.

KARL: Insofern hast du freilich recht, daß diese Frage uns tiefer führen wird. Es ist das Wesen des Staates überhaupt, zu dem unser Gespräch – und ich gestehe, zu meiner Genugtuung – sich wendet. Schon öfter habe ich empfunden, daß du dir darüber eine von der meinen abweichende Vorstellung gebildet hast. Wenn dich nichts abhält, so stehe mir heute ausführlicher Rede. Was verstehst du unter dem positiven geistigen Inhalt des Staates? Gehen sie nicht alle von demselben Anfang aus? Haben sie nicht alle die nämlichen Pflichten? Ist ihre Verschiedenheit nicht zufälliger Art?

FRIEDRICH: In der Tat, alle diese Fragen, die du zu bejahen scheinst, beantworte ich mit einem entschlossenen Nein. Wenn wir uns verstehen wollen, müssen wir allerdings einen Schritt weiter gehen.

Kennst du das kleine Buch, das da auf dem Tische liegt?

KARL: *Les deux derniers chapitres de ma philosophie de la guerre.* Von wem?

FRIEDRICH: Lies auch den innern Titel.

KARL: Ah! von Chambray, dem fleißigen und einsichtsvollen Geschichtschreiber des Feldzuges in Rußland. Auch den Inhalt gibt sogleich der Titel an: *Chap. IX. Des institutions militaires dans leurs rapports avec les constitutions politiques et avec les institutions civiles.* Schon ein glücklicher Gedanke! – Ich wäre begierig, zu erfahren, wohin seine Meinung geht.

FRIEDRICH: Er findet, daß die militärischen Einrichtungen mit innerer Notwendigkeit dem Zustande der Gesellschaft, der bürgerlichen Verfassung entsprechen.

KARL: Führe mir ein Beispiel an.

FRIEDRICH: Die englische Armee entspricht dem unreformierten Parlament. Die Aristokratie, welche beide Häuser erfüllte, votierte jährlich die Existenz derselben; wie es das Interesse der Aristokratie war – denn sie machte ja im Grunde den Staat aus –, die bestehende Ordnung der Dinge zu erhalten, so hatte sie infolge einiger eigentümlicher Einrichtungen die Offizierstellen eingenommen und hat sie noch behauptet. Unteroffiziere und Gemeine dagegen werden angeworben; durch bessere Löhnung und sorgfältigere Pflege, als irgendeine andere europäische Truppe genießt, wie sie aber der Zustand der Nation fordert und möglich macht, werden sie bei gutem Willen und zugleich durch die strengste Zucht, durch die härtesten Strafen in Unterordnung gehalten.

KARL: Daraus scheint sich zu ergeben, daß, wenn die Verfassung fernere Abänderungen erfährt, solche auch in der Armee nicht ausbleiben werden.

FRIEDRICH: Ich zweifle nicht, sowie die Abänderungen nur noch tiefer eingreifen.

KARL: Auch leitet sich der Gegensatz daher ab, in welchem die englische mit der preußischen Armee steht.

FRIEDRICH: Auch in Preußen findet der Autor militärische und bürgerliche Institutionen in vollkommener Übereinstimmung; die allgemeine Dienstpflicht mit der individuellen Freiheit und der Teilung des Eigentums; die Einrichtung der Landwehr mit den munizipalen Berechtigungen; die Bevorzugung der gebildeten Klassen beim einjährigen Dienst mit der Stellung, welche diese überhaupt einnehmen. Daß der Unteroffizier Aussicht auf Versorgung habe, knüpfe ihn um so enger an den Staat. »Ein Land«, ruft er aus, »welches eine Miliz hat, wie die Landwehr, und Institutionen, wie die Städteordnung, besitzt die Freiheit in der Tat«.

KARL: Wie waren es zwei so durchaus verschiedene Armeen, welche Napoleon bei Waterloo überwanden, von nahe verwandten Nationen, aber nach verschiedenen inneren Motiven gebildet, die eine angeworben, wohlverpflegt, ausharrend, aristokratisch, die andere national, beweglich, bereit, auch allenfalls Mangel zu leiden, unermüdlich. Es ist recht bedeutend, daß die Vereinigung zwei so entgegengesetzter Waffenbrüderschaften, von denen die eine den alten, die andere den neuen Zustand des germanischen Europa in sich schloß, den letzten entscheidenden Sieg erfocht. Man begreift es, daß Wellington damals die Verfolgung ablehnte und daß er auch seitdem keine Lust bezeigt, die Institutionen seiner Armee zu verändern. Er ist eben auch hier ein Antireformer. Von seinen Mitstreitern vermochte er sich nicht einmal einen Begriff zu verschaffen. – Spricht Chambray auch von der französischen Armee nach Napoleon?

FRIEDRICH: Er ist nicht gerade ihr Bewunderer. Er kann es nicht vertragen, daß ein General, der zwanzig Schlachten gewonnen, nicht soviel politische Rechte ausüben soll, als ein Krämer, welcher ein paar hundert Franken Steuer zahlt. Das Avancement findet er bei weitem mehr von der Empfehlung eines Deputierten abhängig, der doch nur ein persönliches Interesse an dem Empfohlenen nimmt, als von dem Oberbefehlshaber, der denselben in den verschiedensten Lagen neben seinen Mitbewerbern geprüft hat. Die Offiziere scheinen zum Teil sogar ein Interesse bei einer Staatsveränderung zu haben, weil sich voraussehen läßt, daß viele dann nicht weiter dienen, sondern sich zurückziehen und mithin zahlreiche Avancements eintreten werden.

KARL: Sonderbar, wie der Zustand der Gesellschaft mit den Elementen, die in ihr vorherrschen, jedes einzelne Institut erfüllt. Es ist das doppelt merkwürdig bei der bewaffneten Macht, die einen so unbedingten und von dem Gange der inneren Staatsverwaltung unabhängigen Zweck hat, wo man von jeher sich alles anzueignen befleißigte, was sich bei dem Nachbar oder dem Feinde brauchbar erwies. –

FRIEDRICH: Eben das ist meine Bemerkung. Die das Ganze belebende, beherrschende Idee, der vorwaltende Zug des Geistes, der allgemeine Zustand bedingen Bildung und Wesen jedes Institutes. Man könnte freilich sagen, das Institut habe ganz für sich eine unabhängige Bedeutung. Insofern aber, in der Tat, sehe ich darin wenig mehr als eine Forderung, eine Möglichkeit; erst in der Ausführung erhält es geistige Realität; dann aber treten auch sofort die Unterschiede hervor.

KARL: Ich gestehe, ich habe schon öfter etwas Ähnliches wahrzunehmen geglaubt. Man rät uns oft an, eine oder die andere Einrichtung aus einem andern Lande aufzunehmen; aber wer steht uns dafür, daß sie bei uns nicht in etwas anderes umschlägt? Die Franzosen wünschten, sich das deutsche Unterrichtssystem anzueignen. Dies System beruht jedoch so sehr auf den Bedürfnissen, Gedanken und der Entwicklung der deutschen protestantischen Kirche, es ist so ganz vom Geiste derselben durchdrungen und getränkt, daß sie wohl nur die äußersten Umrisse, nur die Anschauung der zur Erscheinung gebrachten Idee an sich bringen können. Welch einen Unterschied nehmen wir zwischen den Universitäten der verschiedenen Länder wahr, obwohl sie in allen auf derselben historischen Grundlage beruhen!

FRIEDRICH: Nun wohl! mit Vergnügen sehe ich, daß du hierin mit mir übereinstimmst. Es ist ein wesentliches Stück der Vorstellung, die wir zur Klarheit zu bringen haben. Dieselben Institute, mit demselben Zwecke, die auf den nämlichen historischen Grundlagen beruhen, sehen wir doch in den verschiedenen Ländern die abweichendsten Gestalten annehmen. – Woher, meinst du, daß dies abzuleiten ist?

KARL: Ich zweifle nicht, von den verschiedenen Verfassungen. – Die englische Kirche bringt die englischen Universitäten hervor, die Verfassung des Parlaments bestimmt die militärischen Institute; – mit unsrer Kirche und unserm Staate hängen alle Einrichtungen unsres Landes auf das genaueste zusammen.

FRIEDRICH: Zugestanden: aber ich frage weiter, wovon hängt die Verfassung ab?

KARL: Du wirst nicht fragen, wie sich eine jede im Laufe der Zeit entwickelt hat. Nur darauf, dächt' ich, käme es an, worin sie besteht. Der Gegensatz der Staatskörper, das Verhältnis der Gewalten, das Übergewicht der einen oder der andern, die ganze innere Ökonomie eines Landes, endlich die Bildungsstufe, auf der sich die Nation befindet.

FRIEDRICH: Wäre dem so, so müßtest du ja Konstitutionen kopieren und nach einiger Vorbereitung und Heranbildung auf einen andern Boden übertragen können. Ist es aber, wie du zugestehst und dir praktisch einleuchtet, schon so schwierig, einzelne Einrichtungen zu verpflanzen, wird es nicht in Hinsicht der allgemeinen Verfassung geradezu unmöglich sein? Selbst wenn dir das besser gelänge, als es gelingen kann, so würde doch etwas anderes, Verschiedenes entstehen.

KARL: Nach den verschiedenen Modifikationen der Zustände, wie ja auch eine lebendige Verfassung in dem eigenen Lande unaufhörliche Abwandlungen erfährt.

FRIEDRICH: Täuschen wir uns nicht mit Möglichkeiten, an die wir doch eigentlich nicht glauben. Die Formen lassen sich verpflanzen; das aber, woher dieselben ihren Ursprung haben, nicht allein historische Grundlagen, sondern der Geist, welcher Vergangenheit und Gegenwart verbindet, und der auch die Zukunft beleben muß, wie wollt ihr den kopieren? Oder vielmehr – denn das würde nicht einmal etwas helfen – ihr müßtet euch seiner bemächtigen und ihn selbst eurer neuen Schöpfung einhauchen.

KARL: Ich sollte doch glauben, es wäre ohnehin eine innere Verwandtschaft da. Allenthalben sehe ich die drei Stände, ähnliche Formen, korrespondierende Parteien, die den wärmsten Anteil an Interessen nehmen, von denen sie unmittelbar gar nicht berührt werden. Es gibt einen Geist der Aristokratie, der Demokratie, der gemischten oder der reinen Monarchie. Ich will nicht sagen, daß alles gleich sein müsse, ich bin weit davon entfernt. Aber eine Verfassung hat an der einen, eine andere an der andern Stelle eine vollkommenere Ausbildung: warum soll man nicht dieses Vollkommenere nachahmen, sich aneignen können?

FRIEDRICH: Du scheinst mir diese Verfassungsarten zu hoch anzuschlagen. Es sind Klassifikationen, wie in der Botanik; aber glaubst du, daß ein Liebhaber seine Blumen an den Staubfäden erkennt? Man machte jene Unterscheidungen im Altertum, und so haben sie sich in Geltung erhalten. Jedoch noch etwas anderes lebte in Athen, als der demokratische Geist. Die Demokratie hat die Ideale der schönen Kunst nicht hervorgebracht: Plato war ein schlechter Demokrat. Denke dir die Aristokratie nach allen ihren Prädikaten, niemals könntest du Sparta ahnen, ich will nicht sagen, seine Taten und Sitten, sondern nur die Art und Weise seiner Verfassung, nur das Verhältnis zwischen Spartiaten, Lacedämoniern und Heloten.

KARL: Doch wirst du diese Unterscheidungen nicht für unwichtig erklären. Du wirst nicht leugnen, daß die verschiedenen Staaten etwas Gemeinschaftliches haben.

FRIEDRICH: Mich deucht aber, wir müssen das Formelle und das Reale unterscheiden. Das Formelle ist das Allgemeine, das Reale ist das Besondere, Lebendige. Gewisse Formen der Verfassung, – namentlich die, welche eine Beschränkung der persönlichen Willkür bezwecken, – Festsetzungen der Standesverhältnisse mögen allen Staaten notwendig sein. Aber sie sind nicht das ursprüngliche Leben, durch welches vielmehr alle Formen erst ihren Inhalt bekommen. Es gibt etwas, wodurch jeder Staat nicht eine Abteilung des Allgemeinen, sondern wodurch er Leben ist, Individuum, er selber.

KARL: Verstehe ich dich recht, so weicht deine Ansicht dadurch von andern ab, daß man gewöhnlich von den Verschiedenheiten der Form ausgeht und aus den Gattungen, die man annimmt, das Individuelle hervortreten läßt; du dagegen betrachtest die Formen mehr als ein zweites, untergeordnetes Element: als ursprünglich setzest du das eigentümlich geistige Dasein des individuellen Staates, sein Prinzip.

FRIEDRICH: Wir können es uns an dem Beispiele der Sprache deutlich machen. Die Formen, in denen sich die Grammatik bewegt, haben eine allgemeine Übereinstimmung: sie kehren immer und überall auf gewisse Weise wieder. Aber der Geist jeder besonderen Sprache bringt eine unendliche Mannigfaltigkeit von Modifikationen hervor. Unter dem Prinzip des Staates haben wir nicht eine Abstraktion der Meinung, sondern sein inneres Leben zu verstehen; dies Prinzip verleiht jenen Formen der menschlichen Gesellschaft, die, ich leugne es nicht, ihr unentbehrlich sind, erst ihre bestimmende Modifikation, die Erfüllung der Realität.

KARL: Du setzest demnach gleichsam verschiedene geistige Substanzen, welche alle Modalitäten der Verfassung und der Gesellschaft erst beleben. Aber sprichst du damit nicht aller allgemeinen Politik Hohn? Du scheinst mir die ersten Grundfragen, von denen die Doktrin über den Staat auszugehen pflegt, zu übersehen.

FRIEDRICH: Du meinst die Fragen über die ursprüngliche Bildung der Staaten, das *Pactum unionis et subjectionis*.

KARL: Welches der Anfang des Staates überhaupt war, Gewalt oder Vertrag, ob die Regierung eine ihr delegierte oder ursprünglich inhärierende Befugnis ausübt.

FRIEDRICH: Verzeih mir, es ist ein Gebiet, das ich ungern berühre. Es liegt jenseit unserer Wahrnehmung. Hast du wohl vor kurzem die Sternwarte besucht und unsern neuen Fraunhofer erprobt?

KARL: Wie kommst du darauf?

FRIEDRICH: Wenn man den ganzen Himmel betrachtet hat, selbst die unermeßlichen Sterngruppen, die die Milchstraße ausmachen, und den Blick immer tiefer in den unendlichen Raum versenkt, so begegnet uns in letzter Entfernung gleichsam eine zweite Nacht, noch tiefer und dunkler, auf deren Boden wir eine neue Welt, wunderbarere Gebilde wahrnehmen.

KARL: Die Nebelflecke meinst du.

FRIEDRICH: Schwachleuchtende flüssige Meteore, bald Scheiben, bald Bogen, bald Ringe, und doch eine Sternenwelt, von der man glauben möchte, sie wäre noch in ihrer Bildung begriffen. Ich frage dich, soll man wohl die Astronomie auf die unsichern Beobachtungen gründen, die wir in jenem Gebiete machen können?

KARL: Und scheinen dir die Theorien über den Staat, die sich in so strenger Form darstellen, wirklich mit einem so chimärischen Beginnen verglichen werden zu können?

FRIEDRICH: Man übersieht das, was man zunächst hat, und aus der dunkelsten Ferne sucht man zerstreute Tatsachen auf, um sie doch auf das Nächste anzuwenden. Aber Kepler entdeckte die Gesetze, die nach ihm den Namen führen, nur nach den genauesten, sorgfältigsten Beobachtungen eines wirklich zu erreichenden, zu berechnenden Himmelskörpers.

KARL: Wolltest du der allgemeinen Politik, wie wir sie jetzt haben, ihre Gültigkeit überhaupt ableugnen?

FRIEDRICH: Sie ist mir so problematisch wie der Wert der sogenannten philosophischen Grammatik. Auch diese führt mit der logischen Erörterung allgemeiner Sprachformen niemals zum Ziele. Jede Sprache stellt tausend besondere Modifikationen derselben dar. Erst durch umfassende historische Untersuchung und Kombination wird man sich zu ahnender Erkenntnis der in der Tiefe waltenden, alle beherrschenden geistigen Gesetze erheben. Wie mit jener Grammatik, so steht es mit der Politik, die von der leeren Idee des Staates ausgeht. Erinnere dich an Fichte. »Da die Oberfläche der Erde zerschnitten ist,« sagte er, »durch Meere, Flüsse, Gebirge, und durch sie die Menschen getrennt, so ward es auch dadurch notwendig, daß verschiedene Staaten entstunden.« Glaubst du, daß man von einem solchen Anfang aus wirklich zur Anschauung und Würdigung des Ursprünglichen und in dem Geiste Verschiedenen gelangen kann?

KARL: Unerläßlich aber bleibt immer die allgemeine Erörterung. Der Mensch muß doch wissen, warum er im Staate ist, warum er gehorcht.

FRIEDRICH: Du hast recht, daß die Theorie von diesem Bedürfnis ausgeht. Sie ist eine Vermittlung zwischen Privatrecht und öffentlichem Recht. Jenes sucht in diesem seinen Schutz, seine letzte Gewährleistung; dieses nimmt die Elemente des ersten in sich auf.

KARL: Und kommt es nicht in der Tat auf diese Vermittlung an? Ist nicht die allgemeine Sicherheit eines der vorzüglichsten Resultate moderner Staatsverwaltung?

FRIEDRICH: Ich leugne das nicht. Aber es wird sich aus dieser allgemeinen Forderung, die doch nur eine Rücksicht des Privatlebens ausmacht, höchstens auf die Notwendigkeit gewisser Formen und Bildungen schließen lassen, so wie dort in jenem Nebelmeere die ätherischen, flüssigen Gestalten sich auch hie und da wieder kompakter zeigen, sich um einen Kern gruppieren. Die frühesten Anfänge der Bildung kann man auf diese Weise erläutern, nicht aber zur Anschauung und Beurteilung der vollendeten Wesenheiten gelangen.

KARL: Und so leugnest du, daß sich mit dem Begriffe des Staates im allgemeinen viel anfangen lasse.

FRIEDRICH: Ich halte dafür, die echte Politik muß eine historische Grundlage haben, auf Beobachtung der mächtigen und in sich selbst zu namhafter Entwicklung gediehenen Staaten beruhen.

KARL: Wird man nicht aus dem Allgemeinen zu dem Besonderen fortgehen können?

FRIEDRICH: Ohne Sprung, ohne neuen Anfang kann man aus dem Allgemeinen gar nicht in das Besondere gelangen. Das Real-Geistige, welches in ungeahnter Originalität dir plötzlich vor den Augen steht, läßt sich von keinem höheren Prinzip ableiten. Aus dem Besonderen kannst du wohl bedachtsam und kühn zu dem Allgemeinen aufsteigen; aus der allgemeinen Theorie gibt es keinen Weg zur Anschauung des Besonderen.

KARL: Worin setzest du aber dies Besondere?

FRIEDRICH: Laß uns von dem Allergeringsten anfangen. Sieh da unsern Jacques, eine Art von dienendem Kosmopoliten, der sein Talent der Dienstbarkeit schon in Italien, in Konstantinopel und Petersburg versucht hat und durch ungünstige Winde endlich in diese Einsiedelei eines deutschen Gelehrten verschlagen worden, – ist er nicht in jeder seiner Bewegungen ein alter Franzos?

KARL: So bewegt er die Arme, wenn er auf der Straße geht, so faßt er die Lampe an; so gebärdet er sich, wenn ihm etwas Unerwartetes begegnet; so sind seine Gefühle, vielleicht seine Gedanken.

FRIEDRICH: Nicht dort ist unser Vaterland, wo es uns endlich einmal wohl ergeht. Unser Vaterland ist vielmehr mit uns, in uns. Deutschland lebt in uns; wir stellen es dar, mögen wir wollen oder nicht, in jedem Lande, dahin wir uns verfügen, unter jeder Zone. Wir beruhen darauf von Anfang an und können uns nicht emanzipieren. Dieses geheime Etwas, das den Geringsten erfüllt, wie den Vornehmsten, – diese geistige Luft, die wir aus- und einatmen, – geht aller Verfassung vorher, belebt und erfüllt alle ihre Formen.

KARL: Es scheint, als fielen dir Nationalität und Staat zusammen.

FRIEDRICH: Das ist doch weniger der Fall, als man glauben sollte. Die Nationen haben eine Tendenz, Staat zu sein; doch wüßte ich keine einzige, die es wirklich wäre. Frankreich, das diesem Ziele vielleicht am nächsten kommt, umfaßt lange nicht alle Franzosen, weder jene Kanadier, welche in ihrer Entfernung und Absonderung, wie man sagt, das alte feudale Frankreich zu repräsentieren fortfahren, noch auch seine nächsten Nachbarn in Savoyen und der Schweiz. Noch weiter entfernt davon ist England. Seine Kolonien haben sich in Masse von ihm abgesondert und in einer dem Mutterlande entgegengesetzten Bewegung entwickelt. Von Deutschland braucht man gar nicht zu reden. Wollte man selbst den deutschen Bund als eine Art von Staat betrachten, was sich doch nur in einem sehr uneigentlichen Sinne verteidigen ließe, so wären doch lange nicht alle Deutsche darunter begriffen.

KARL: Woher leitest du diese Erscheinung ab? Auf Nationalität müßte doch, deiner Idee zufolge, der Staat sich gründen.

FRIEDRICH: Der Staat ist seiner Natur nach bei weitem enger geschlossen als die Nation; er ist eine Modifikation wie des menschlichen so auch des nationalen Daseins.

KARL: Und wodurch kommt diese Modifikation zustande?

FRIEDRICH: In die Zeiten der Urwelt können wir nicht hinabsteigen. Unsere Geschichte umfaßt eine kurze Spanne Zeit, und auch diese wie unvollständig und zweifelhaft! Was wollte es uns auch helfen, zu Epochen zurückzukehren, wo andere Vorstellungen von Erde und Himmel, andere Religionen die Welt beherrschten, wo dann andere Bedürfnisse, Fehler und Tugenden auf Einrichtungen führten, welche ihnen entsprachen. Wir finden die Welt von bürgerlichen Verfassungen eingenommen. Aber darum hört die Produktion keinen Augenblick auf. Aus dem Unscheinbaren erhebt sich durch eine neue Belebung das Gewaltige; aus der Zerstörung selbst erwachsen, es ist wahr, unter Zuckungen, aber doch haltbar neue Formen. Dies zu beobachten, die Regel des Werdens zu finden, halte ich für wichtiger und ist mir wenigstens interessanter als alle von ihrem Gegenstande getrennte Reflexion.

KARL: Du wirst schon angefangen haben, Beobachtungen anzustellen. Ich will sie dir heute nicht abverlangen. Aber im allgemeinen, wie findest du, daß diese neuen Gestaltungen entspringen?

FRIEDRICH: Natur der Dinge und Gelegenheit, Genius und Glück wirken zusammen.

KARL: Das Glück? Du meinst den Ausschlag der Begebenheit, den Sieg.

FRIEDRICH: Den Moment, in welchem die Unabhängigkeit erkämpft und in Besitz gebracht ist.

KARL: In deiner Politik, scheint es, werden die auswärtigen Verhältnisse eine große Rolle spielen.

FRIEDRICH: Die Welt, wie gesagt, ist eingenommen. Um etwas zu sein, muß man sich erheben aus eigener Kraft, freie Selbständigkeit entwickeln, und das Recht, das uns nicht zugestanden wird, müssen wir uns erkämpfen.

KARL: Würde dann nicht alles auf die rohe Gewalt ankommen?

FRIEDRICH: Nicht so viel, als das Wort Kampf anzudeuten scheinet. Die Grundlage ist vorhanden, eine Gemeinschaft geschlossen; soll sie sich aber zu universaler Bedeutung erheben, so ist vor allem moralische Energie vonnöten. Durch diese allein können die Nebenbuhler, die Feinde im Wettstreit überwunden werden.

KARL: Du betrachtest das blutige Kriegshandwerk als einen Wettstreit der moralischen Energie. Hüte dich, daß du nicht zu sublim wirst!

FRIEDRICH: Du weißt recht wohl, daß ihn unsere Altvordern, die wahrhaftig nicht sublim waren, auch so faßten. So boten jene Tencterer, jene Amsivarier den Römern Wettstreit um das leerstehende Land an. Aber in der Tat, du wirst mir wenig wichtige Kriege nennen können, von denen sich nicht nachweisen ließe, daß die wahre moralische Energie den Sieg behauptete.

KARL: Und von dem Kampfe, dem Siege willst du nun auch die Formen der inneren Organisation herleiten.

FRIEDRICH: Nicht durchaus, nicht ursprünglich, aber wohl die Modifikation derselben. Das Maß der Unabhängigkeit gibt einem Staate seine Stellung in der Welt; es legt ihm zugleich die Notwendigkeit auf, alle inneren Verhältnisse zu dem Zwecke einzurichten, sich zu behaupten. Dies ist sein oberstes Gesetz.

KARL: Du scheinst eine militärische Tyrannei zu begünstigen.

FRIEDRICH: Wie wäre es möglich, daß jemals eine großartige Stellung erworben würde ohne freiwilliges und vollkommenes Zusammenschließen aller Glieder! Durch die geheime Wirksamkeit zusammenhaltender Ideen bilden sich allmählich die großen Gemeinschaften. Glücklich, wenn einer den Genius hat, sie zu leiten! Die Kraft, sie zu zwingen, würde er niemals besitzen.

KARL: Und so wäre es höchstens ein freiwilliger Militärstaat, den du gründest.

FRIEDRICH: Du scheinst mir vorzuwerfen, was Aristoteles an einigen alten Gesetzgebern tadelt: ich denke mehr darauf, den Staat groß und mächtig zu machen, als die Bürger weise und gut, und mehr auf Kampf und Bewegung gehe mein Absehen als auf Frieden und Muße. Für den Anfang des Daseins, für die Epoche, wo es die Erkämpfung der Unabhängigkeit gilt, hast du nicht unrecht. Allmählich aber werden alle friedlichen Bedürfnisse der menschlichen Natur sich geltend machen; dann muß sich alles ausgleichen. Wir sprechen wohl hernach noch davon. Jetzt laß uns nur bei unserm bisherigen Ergebnis stehenbleiben, um es nur erst einmal zusammenzufassen. Nicht die entfernten Ursprünge so sehr, als das Gewordene, was wir vor Augen haben, fesselt unsere Aufmerksamkeit.

KARL: Und wie siehst du dies an?

FRIEDRICH: Alle die Staaten, die in der Welt zählen und etwas bedeuten, sind erfüllt von besonderen, ihnen eigenen Tendenzen. Es würde lächerlich sein, sie für ebenso viele

Sicherheitsanstalten für die Individuen, die sich zusammengetan, etwa für ihr Privateigentum, zu erklären. Vielmehr sind jene Tendenzen geistiger Art, und der Charakter aller Mitbürger wird dadurch bestimmt, ihnen unauslöschlich aufgeprägt. Durch die Verschiedenheiten, welche hieraus entspringen, werden die Formen der Verfassung, die allerdings eine gemeinschaftliche Notwendigkeit haben, allenthalben anders modifiziert. Von der obersten Idee hängt alles ab. Das will es sagen, wenn auch die Staaten ihren Ursprung von Gott herleiten. Denn die Idee ist göttlichen Ursprungs. – Jeder selbständige Staat hat sein eigenes ursprüngliches Leben, das auch seine Stadien hat und zugrunde gehen kann, wie alles, was lebt, aber zunächst seinen ganzen Umkreis erfüllt und beherrscht und mit keinem andern gleich ist.

KARL: In diesem Sinne verstehst du es, daß die Staaten Individuen seien.

FRIEDRICH: Individualitäten, eine der andern analog, – aber wesentlich unabhängig voneinander. Statt jener flüchtigen Konglomerate, die sich dir aus der Lehre vom Vertrag erheben wie Wolkengebilde, sehe ich geistige Wesenheiten, originale Schöpfungen des Menschengeistes, – man darf sagen, Gedanken Gottes.

KARL: Ich will dir nicht widersprechen: zu fest scheint mir deine Ansicht, und ich bekenne, ich fühle mich von ihr angesprochen. Aber steigen wir ein wenig herab aus der allgemeinen Betrachtung. Sage mir, hältst du dafür, daß auch die heutigen Staaten diesen Ursprung und Inhalt haben?

FRIEDRICH: Eben von ihnen nehme ich meine Behauptung her. Sie ließe sich, deucht mich, auf das vollkommenste nachweisen; doch würde die Abendstunde nicht ausreichen.

KARL: Eine Frage aber muß ich dir vorlegen. Wäre dem so, wie du sagst, so würde ein jeder Staat seine Bahn gehen, wir würden nicht die europäischen Reiche hauptsächlich im Kampfe über innere Einrichtungen in zwei feindselige, einander unaufhörlich bedrohende Hälften zerfallen sehen.

FRIEDRICH: Allerdings gibt es eine europäische Gemeinschaftlichkeit. Nichtsdestominder war jeder Staat in seiner besonderen Entwicklung begriffen, und ein jeder wird, ich zweifle nicht, in dieselbe zurücktreten, sowie die Nachwirkungen der Revolutionskriege aufhören.

KARL: Eben diese aber sind es, welche deinen Satz zu erschüttern scheinen. Hat nicht das gesamte Europa gegen die Revolution Krieg erhoben? Wie würde es sich verständigt haben, wenn es nicht gemeinschaftliche Interessen wider dieselbe genährt hätte?

FRIEDRICH: Du erinnerst dich recht wohl, wie schwer die Verständigung vonstatten gegangen ist. Auch war, wenn du in der Erinnerung weiter zurückgehen willst, der Fall nicht eigentlich, wie du ihn bezeichnest. Einmal, man war angegriffen; sodann wie lange dauerte es, ehe man sich vereinigte! Es gehörte die ganze Gefahr dazu, mit welcher eine neuentstandene Gewalt jede Unabhängigkeit bedrohte, um endlich, gleichsam im Angesichte der Vernichtung, eine gemeinschaftliche Verteidigung hervorzurufen.

KARL: Aber noch in diesem Augenblick, welch eine Animosität zwischen den Verfechtern des liberalen und des absoluten Prinzips! Man sprach auch heute wieder von den neuesten Nummern des Portfolio. Kennst du es?

FRIEDRICH: Hier liegt es; aber wenn wir nun einmal nach so universalen Betrachtungen auf das vor uns liegende Konkrete eingehen und beide verknüpfen wollen, ich schließe daraus auf das Gegenteil von dem, was die Zeitungen gemeinhin darin wahrnehmen.

KARL: Findest du es so friedfertig?

FRIEDRICH: Es ist ohne Zweifel die gehässigste, feindseligste Schrift, die seit langer Zeit publiziert worden ist; aber daß die großen Kontinentalmächte dadurch graviert würden, kann ich nicht einsehen.

KARL: Was sagst du von den Depeschen von Pozzo di Borgo?

FRIEDRICH: Wahre Meisterstücke sind es. Ich hätte nicht geglaubt, daß die moderne Diplomatie so ausgezeichnete Arbeiten hervorbrächte.

KARL: Billigst du auch ihren Inhalt?

FRIEDRICH: Wir kommen damit wenigstens über manchen Irrtum hinweg. Wie oft hat man die drei Kontinentalmächte angeklagt, an den Übertreibungen und dem einseitigen Verfahren der Anhänger des monarchischen Prinzips in Frankreich oder in Spanien Anteil genommen, ja es angeraten, provoziert zu haben! Ich wüßte nichts, wodurch diese Behauptungen so schlagend widerlegt würden, wie die Depeschen Pozzo di Borgos vom Jahr 1826, die hier mitgeteilt werden.

KARL: Hältst du sie für echt?

FRIEDRICH: Man kann darüber noch nicht entscheidend aburteilen; ein gutes Gepräge wenigstens haben sie, und selbst ihr vernünftiger Inhalt spricht für ihre Echtheit.

KARL: Du hast, wie es scheint, besonders die Depesche über Ferdinand VII. im Sinne, in welcher allerdings der Ursprung der portugiesisch-spanischen Irrungen recht klar hervortritt, in der endlich zugestanden wird, daß jene Expedition des Marquis von Chaves nach Portugal, welche die Quelle so vielen Unheils geworden ist, von einer Faktion herrührte, welche Ferdinand VII. beherrschte.

FRIEDRICH: Sei gerecht. Nicht allein dies, sondern auch daß sie wider den ausdrücklichen Rat der großen Mächte, ja wider das ihnen gegebene Wort geschah.

KARL: Du wirst nicht behaupten, daß man der Konstitution Don Pedros sehr günstig gewesen sei.

FRIEDRICH: Gewiß nicht; aber hat sich diese Konstitution wohl seitdem so geeignet gezeigt, das Glück von Portugal zu machen? Übrigens wollte man, wie es hier heißt, ihr Zeit lassen, ihre Natur zu entwickeln: ich gebe zu, in der Meinung, sie müsse durch ihre Fehler zugrunde gehen. Eine solche Feindseligkeit jedoch finde ich so gefährlich nicht. Eben diese Zeit mußte ja auch ihre Vorzüge entwickeln, wenn sie deren hatte. Auf keinen Fall hieß man die überdies schlecht berechnete Gewaltsamkeit gut, zu welcher sich Ferdinand verleiten ließ.

KARL: Auch Frankreich erwähntest du.

FRIEDRICH: Mit wahrhafter Überlegenheit und durchdringender Einsicht werden die Fehler geschildert, welche Karl X. allen Anmahnungen zum Trotz beging. Es sind die nämlichen, denen wir noch heutzutage das Unglück dieses Fürsten zuschreiben müssen: daß er sich in einen engen Kreis exaltierter Kongregationisten einschloß, daß er Frankreich behandelte, als wäre es ins Heidentum zurückgefallen, daß er sich so wenig bemühte, die Tribunale, besonders die obersten Gerichtshöfe zu Paris für sich zu gewinnen, daß die Kammer nur noch als ein willenloses Instrument erschien, daß Villele kein Talent neben sich leiden konnte.

KARL: Sollten nicht die Übelstände noch etwas tiefer liegen? in der starken Stellung, zu der man die revolutionären Interessen gedeihen ließ, und ihrer natürlichen Opposition gegen die alte Monarchie?

FRIEDRICH: Es kam alles zusammen. Nachdem man seinen Feinden Raum gegeben und Macht verliehen, bemühte man sich recht, ihren Ingrimm zu reizen und sich selbst zu isolieren. Wörtlich ging deshalb in Erfüllung, was hier vorausgesagt worden, daß man sich bei der ersten wahrhaften Krisis, in die man gerate, ohne alle moralische Stütze befinden werde, machtlos, ungeachtet so unermeßlicher Hilfsmittel der Macht, wie man sie in Händen hatte.

KARL: Ein recht glücklicher Advokat bist du heute!

FRIEDRICH: Andre Denkmale, die hier bekanntgemacht werden, bedürfen keiner weiteren Erläuterung. Kann man sich vernünftiger ausdrücken, als es in der Denkschrift des Grafen Bernstorff geschieht, mit der die in ihrem Eifer fehlgreifende Feindseligkeit diese

Hefte eröffnet hat? Es heißt daselbst, die Regierung müsse die Mehrzahl der Gebildeten für sich gewinnen; der freiwillige und gern geleistete Gehorsam fordre die Überzeugung, daß eine Regierung nicht nach den Rücksichten einer Partei, sondern zum allgemeinen Besten handle. Wie ist man von jenem Haß gegen konstitutionelle Verfassungen, den die Welt sich hat aufreden lassen, so weit entfernt! Jeder Gedanke daran, daß man in Deutschland irgendwo anders als mit gesetzlichen Mitteln zu Werke gehen könne, wird von der Hand gewiesen.

KARL: Und hierauf gründest du nun, wie es scheint, deine Lehre, daß jener Gegensatz zweier feindseliger Parteien in Europa eigentlich gar nicht bestehe.

FRIEDRICH: Neigungen und Abneigungen sind da; sie sind durch den Gang der Begebenheiten hervorgerufen worden. Aber die angeblich zu den Waffen fertige und gerüstete Feindseligkeit jenes Gegensatzes ist eine Chimäre.

KARL: Und was urteilst du von der Animosität zwischen Österreich und Rußland, wie sie sich hier zutage legt.

FRIEDRICH: Ich muß selbst lächeln: heute muß mir alles dienen und zu Hilfe kommen. Man muß sehr unbekannt mit der Lage der Dinge im Jahre 1828 sein, wenn man über den lebhaften Ausdruck dieses Mißverständnisses so gewaltig erstaunt. Wer hätte damals nicht davon gehört und es sich ungefähr so gedacht, wie man jetzt liest, daß es gestanden? Es beweist nur eben, daß der Bund der großen Kontinentalmächte, der Bund zunächst zwischen Rußland und Österreich, nicht stärker ist als die Interessen. Es gibt keine so entschieden herrschende Tendenz der Meinung, daß die Interessen vor ihr zurückträten. In dieser Hinsicht ist sogar das Portfolio eine besonders merkwürdige Erscheinung. Es ist die erste, ein europäisches Aufsehen erregende Schrift, welche von den Gegensätzen der inneren Regierung wenigstens unbewußt abstrahiert und die Politik wieder auf das Gebiet der Macht und der auswärtigen Verhältnisse führt, wohin sie gehört.

KARL: Wahrhaftig, du scheinst mir recht zu behalten! Lächle nicht, ich befinde mich fast in dem Falle des guten jungen Mannes, der in den letzten Jahren um Goethe war und soeben seine Konversationen mit ihm herausgegeben hat. Auch ich kann sagen: ich freue mich deiner Wahrnehmung, daß in jedem unserer großen Staaten ein lebendiges, individuelles, ihnen inwohnendes Prinzip sei, von dem seine Tätigkeit nach außen, seine innere Gestaltung abhange, und werde sie mir merken, sie im stillen prüfen. Jetzt laß uns vorläufig noch einmal zu jenen allgemeinen Fragen zurückkehren. Noch einige Einwendungen, wenn du erlaubst, will ich dir vorbringen.

FRIEDRICH: Ich werde suchen, sie zu heben.

KARL: Du nimmst einen so ungemeinen Teil der Lebenskräfte der einzelnen für den Staat in Anspruch; womit vergütest du dies, was gibst du ihnen dafür?

FRIEDRICH: Ich glaube mich nicht so ausgedrückt zu haben, als schilderte ich den besten Staat; ich suchte nur den zu begreifen, den wir vor Augen haben. Und nimmt der nicht in der Tat einen großen Teil der Kräfte eines jeden in Anspruch? Die Auflagen absorbieren eine so bedeutende Summe des Ertrages der gesamten Tätigkeit; wie viele setzen ihr Vermögen, ihre Jugendjahre daran, um sich zum Dienste des Staates vorzubereiten; in unsern Gegenden ist niemand der Erfüllung der militärischen Pflicht überhoben; das reine Privatleben ist schon nicht mehr vorhanden. Unsere Tätigkeit gehört an und für sich hauptsächlich dem Gemeinwesen an.

KARL: Was empfängt aber der Privatmann hinwieder für alle seine Teilnahme?

FRIEDRICH: In dem rechten Staat ist sie selbst seine Belohnung; er denkt nicht daran, sich ihr zu entziehen: er sieht die Notwendigkeit ein; es gibt für ihn keine rein private Existenz; er würde nicht sein, der er ist, wenn er nicht diesem bestimmten Staate, als seinem geistigen Vaterlande, zugehörte.

KARL: Ist aber, frage ich dich, diese Freiwilligkeit der Hingebung wohl auch in demselben Grade in der Welt vorhanden wie jene Forderung?

FRIEDRICH: Ich bin weit entfernt, das zu behaupten. Ich sehe Länder, wo man seine Pflicht ungern, widerstrebend erfüllt, – z.B. Italien. Der Staat macht auch da den europäischen Notwendigkeiten gemäß starke Anforderungen persönlicher und realer Leistung; unglücklicherweise aber kann er es nicht dahin bringen, daß man ihm eine freiwillige Tätigkeit widmet. Der Bürger fühlt die Verpflichtungen, die ihm aufgelegt sind, als eine Last; er sieht sich als überwältigt und bezwungen an: dem Dienste entzieht er sich so viel wie möglich; eben darum kann es zu jener Einheit privater und öffentlicher Bestrebungen nicht kommen, die den wahren Staat charakterisiert; – ich fürchte, dadurch tritt zuletzt selbst in der moralischen Energie eine Hemmung ein; auch die private Tätigkeit entwickelt sich nicht, wie sie könnte und sollte. Ich gestehe alles das ein; aber es ist ein Mangel, es ist ein abnormer Zustand.

KARL: Vermagst du ihn aber, sei es dort oder anderswo, zu vermeiden?

FRIEDRICH: Wenigstens ist nichts dringender, notwendiger, als darauf zu denken, alles dafür zu tun. Hierin liegt das Geheimnis einer fortschreitenden Macht. Was ihr im Herzen widersteht, besitzt sie noch nicht vollkommen. Das vornehmste Bestreben ihrer inneren Politik muß dahin gerichtet sein, alle Teile in freiwilliger Einheit zusammenzufassen.

KARL: Wird ihr dies aber möglich sein?

FRIEDRICH: Es kommt eben darauf an, das Eigentümliche einer Provinz, einer Landesart nicht zu zerstören, – und sie doch mit unauflöslichen Banden an das Ganze zu knüpfen.

KARL: Und worauf scheint dir diese Verbindung der Provinzen und jedes einzelnen mit dem Ganzen zu beruhen?

FRIEDRICH: Am Ende doch darauf, daß die Idee des Staates einen jeden ergreife, daß er von dem geistigen Leben desselben etwas in sich fühle, daß er sich als ein Mitglied des Ganzen betrachte und Liebe dazu habe, daß das Gefühl der Gemeinschaftlichkeit stärker sei als das Gefühl provinzieller, lokaler oder individueller Absonderungen.

KARL: Welche Mittel hat ein Staat in Händen, dies zu erreichen?

FRIEDRICH: Jede Staatsgewalt muß heutzutage wohlwollend sein; auf der allgemeinen Wohlfahrt, darin kommen alle überein, beruht ohnehin ihre Macht. Sie muß aber auch zeigen, daß sie das auf die rechte Art ist. Sie muß dafür sorgen, daß man sie kenne, daß man wisse, was sie tut, daß jeder einzelne erfahre, seine Geschäfte, insofern sie mit dem allgemeinen zusammenhängen, werden so gut besorgt als immer möglich. Ist nur erst das Widerstreben besiegt, so wird jener geheime, von innen wirkende und zusammenhaltende Antrieb in kurzem alle ergriffen haben. Die Zwangspflicht wird sich zu Selbsttätigkeit, das Gebot zur Freiheit erheben.

KARL: Auch in gewöhnlichen Tagen würdest du Patriotismus fordern.

FRIEDRICH: Da muß er gepflegt werden, damit er in den ungewöhnlichen nicht fehle; in gewissem Sinne muß er das Prinzip der Tätigkeit überhaupt sein.

KARL: Du machst den ganzen Menschen zu einem politischen Geschöpf.

FRIEDRICH: Ich bin überzeugt, von der Wahrheit des Anteils, den man, ich sage nicht an den Formen der Verfassung, aber an dem Fortgange der öffentlichen Wohlfahrt, an dem gemeinen Wesen nimmt, hängt die Entwicklung auch der persönlichen Eigenschaften ab.

KARL: Also unmittelbare, formelle Teilnahme, Mitberatung, Mitbeschluß, würdest du nicht einmal verlangen?

FRIEDRICH: Ich leugne nicht, daß sie förderlich sein könne; aber wenn wir unsere Erfahrungen befragen, so wirst du mir eingestehen, daß sie es darum nicht auch überall ist. Ich fürchte selbst, sie würde nicht allenthalben anwendbar sein. In dem Geiste unserer Monarchien ist etwas, dem sie widerstrebt.

KARL: Ich bin begierig, worin du den Geist unserer Monarchien findest.

FRIEDRICH: Wir wollen nicht zu tief eingehen; allzu viele Beziehungen der Politik, des Rechtes, der Geschichte müßten wir erörtern. Aber um bei der Verwaltung stehenzubleiben und dir doch eine Antwort zu geben, sage ich, der Sinn der monarchischen Formen ist, daß der rechte Mann an die rechte Stelle komme.

KARL: Wirst du nicht gestehen müssen, daß das nicht eben allemal der Fall ist?

FRIEDRICH: Die Ausführung hängt von mancherlei Umständen ab. Sinn und Tendenz aber ist es immer.

KARL: Ich fürchte aufs neue, du begünstigst den Despotismus. Warum soll nicht ein jeder, soweit sich tun läßt, zur Mitberatung gezogen werden? Warum soll man verdammt sein, zu gehorchen?

FRIEDRICH: Nicht alle, wie du dich aus Plato erinnerst, müssen alles treiben. Es gibt unzählige Zweige menschlicher Tätigkeit, und das wunderbare Geheimnis der Natur ist, daß sie für eine jede ihre Talente immer wieder erschafft. Der allgemeine Nutzen erheischt, daß ein jeder das seine tue; den Poeten wird man vernichten, wenn man ihn bei Zehntablösungen zu Rate zieht, die darum um kein Titelchen besser vollzogen werden. Es ist der Vorteil des gemeinen Wesens, daß es private Tätigkeiten gibt, die zwar erfüllt sind von dem Geiste des Staates, aber sich nicht damit aufhalten, ihn auch regieren zu wollen.

KARL: Du vermeidest, den Punkt vom Gehorsam zu berühren.

FRIEDRICH: Man spricht zuweile gerade, als ob ein fremdes Geschlecht sich zur Regierung eingedrängt hätte. Aber ich frage dich, wer sind sie denn, die Regierer, die Verwaltenden? Steigen sie nicht unmittelbar aus der Nation auf? Ich begreife nicht, wie es das Selbstgefühl verletzen kann, wenn, ich will sagen, von einer Anzahl Geschwister und Verwandten sich der eine industrieller, der andre merkantiler Tätigkeit widmet, ein dritter der Gelehrsamkeit, ein vierter dem Ackerbau usw., und wenn dann auch einer von ihnen sich zur Fähigkeit erhebt, an der Regierung teilzuhaben, wo er ja doch am Ende die gemeinschaftlichen Angelegenheiten der andern besorgt. Es lostet ihm Mühe genug, dahin zu gelangen. Regieren besteht nicht im Befehlen, in der Genugtuung, die eine kleinliche Eitelkeit darin finden könnte: es ist die schwere Kunst, die allgemeinen Angelegenheiten gut zu besorgen; ohne angeborenes Talent, Vorbildung und lange Praxis wird es niemand dahin bringen; mit den übrigen Tätigkeiten des Lebens verglichen, ist diese vielleicht die schwerste von allen; sie fordert zugleich die tiefste Einsicht in das Vorhandene und eine vollkommene Freiheit des Geistes, um das noch nicht Vorhandene in das Leben zu führen. Daß man dies denen überläßt, die es allein verstehen, hältst du das für ein Unglück? Es ist eine Auswahl der Geschicktesten aus der ganzen Nation, welche die Fähigkeit dazu in sich ausgebildet haben.

KARL: Wirst du aber immer Männer besitzen, die es auch verdienen, daß man ihnen gehorche?

FRIEDRICH: Daß sie da sein werden, dafür bürgt die Natur, welche immer vollständig ist. Es kommt nur darauf an, daß man sie finde.

KARL: Aber eine Beschränkung wird doch bei der Neigung der Menschen, sich ihrer Macht zu überheben, auch hier notwendig sein.

FRIEDRICH: Einmal hat man von der höchsten Stelle aus nicht alles zu regulieren. Es gibt so viel tiefere Kreise, in denen nichts erwünschter ist als Spontaneität der Lebensregungen. Auch sage ich nicht, daß diese Form an und für sich vollkommen sei; auf tausendfache Weise kann sie ausarten. Nur so viel scheint mir am Tage zu liegen, daß dies Institut in der Natur der Sache begründet, von der Idee unserer Monarchien gefordert und der großartigsten Entwicklung fähig ist.

KARL: Von dem Privatmann würdest du dann eine auf gutem Willen beruhende, auf die Überzeugung, daß es so das beste ist, gegründete Unterordnung fordern.

FRIEDRICH: Diese Freiwilligkeit vergütet jede Leistung. Überhaupt fallen private und öffentliche Bestrebungen von höherer Ansicht aus wieder zusammen. Die privaten bekommen

Schwung und Antrieb durch den Fortgang der öffentlichen; das öffentliche Glück entspringt aus dem privaten. In allen muß das geistige Selbst des Staates leben.

KARL: Du sagst, es muß. Jedoch findet sich, daß es in vielen nicht lebt.

FRIEDRICH: Je nachdem ein Staat seine Mitglieder lebendig ergriffen hat. Es gibt auch hier Grade und Stufen.

KARL: Du berührst hier selbst eine andre Frage, die ich dir vorlegen wollte. – Wie kannst du Grade annehmen? Müßten nicht nach deiner Ansicht alle Staaten gleich vortrefflich sein?

FRIEDRICH: Insofern wohl, als wir die Idee allein ins Auge fassen, der wir ja einen göttlichen Ursprung zuschreiben, aber nicht in der Ausführung derselben, ihrer Darstellung in der Welt.

KARL: Welche Gradation gibt es zwischen Leben und Leben?

FRIEDRICH: Die Analogie führt uns darauf. Ich finde nur den Unterschied zwischen Gesundheit und Krankheit. Ein gesunder Körper ist in Besitz aller seiner Kräfte, aller seiner Glieder; er fühlt nichts von den Einwirkungen der Elemente, oder er widersteht ihnen doch ohne Mühe; ein kränklicher oder schwacher wird davon affiziert oder muß ihnen erliegen: er ist seiner selber nicht Herr. Ein gesundes politisches Dasein erfüllt alle Mitglieder des Staates. Es ruht sicher in seinem Prinzip; von den Parteiungen der übrigen, in sich zerfallenen Welt wird es zwar natürlich an seinen Grenzen, aber deshalb nicht in seinem Innern berührt. Man ist schon angegriffen und gehört sich nicht mehr durchaus selbst an, wenn man sich allzu lebhaft darum bekümmert, was bei dem Nachbar vorgeht.

KARL: Insofern wäre es möglich, daß der Staat auch immer vollkommener würde. Er würde einen Fortschritt zulassen. Friedrich. Zu lassen nur? Er ist ein lebendiges Dasein, das seiner Natur nach in unaufhörlicher Entwicklung, unaufhaltsamem Fortschritt begriffen ist.

KARL: Nach welchem Vorbild, welchem Ideal?

FRIEDRICH: Alles Leben trägt sein Ideal in sich: der innerste Trieb des geistigen Lebens ist die Bewegung nach der Idee, nach einer größeren Vortrefflichkeit. Dieser Trieb ist ihm angeboren, bei seinem Ursprung eingepflanzt.

KARL: Du wirst nicht leugnen, daß oftmals Hemmungen, Mißgriffe, sagen wir selbst Rückschritte eintreten.

FRIEDRICH: Wie wollte es in menschlichen Dingen daran fehlen? Aber man muß darum den Mut nicht verlieren; wenn man nur sonst gesund ist, sind es vorübergehende Anflüge.

KARL: Ich kann doch nicht sehen, wodurch sie unschädlich gemacht werden können, da deine Regierung kein formelles Gegengewicht hat.

FRIEDRICH: Nichtsdestominder gibt es einen Geist des gemeinen Wesens, der nicht so leicht zu beseitigen ist. Er kann verdunkelt werden; sowie aber noch einige Energie der Lebenskraft vorhanden ist, wird er sich wieder hervortun, die Oberhand behalten, am Ende alle beherrschen und mit sich fortreißen. Übrigens ist es etwas Großes, daß das allgemeine Interesse persönlich fixiert ist und sich in dem Selbstbewußtsein des Fürsten notwendig als seine eigne Sache darstellt.

KARL: Warum bringst du aber den Geist des gemeinen Wesens nicht auch zu vollkommenem Bewußtsein, zu Darstellung und Ausdruck? Warum fliehst du die deliberativen Formen?

FRIEDRICH: Die verborgene Harmonie, sagt Heraklit, ist besser als die offenbare. Auch mußt du mich nicht mißverstehen. Ich verdamme jene Formen nicht; ich wünsche, daß sie, wo sie sind, sich so heilbringend, so glänzend als möglich entwickeln mögen; aber ich halte sie nicht für durchaus unentbehrlich. Ich lebe der Meinung, daß der öffentliche Geist noch andre Organe hat, die ihm oft sogar besser dienen.

KARL: Du meinst, das innerliche Zusammenhalten sei besser als alle Form des Vertrages.

FRIEDRICH: Was von Natur zusammengehört, braucht dessen nicht. Zwischen Eltern und Kindern, zwischen Brüdern und den Gliedern der Familie ist keine Confarreation vonnöten.

KARL: Noch eins habe ich auf dem Herzen. Du gibst deinem Staate so viel Attribute geistiger Einheit, die Hingebung, die du forderst, ist so vollständig, daß ich fürchte, du greifst damit in das Gebiet der Kirche über.

FRIEDRICH: Ich sollte nicht denken. Staat und Kirche sind ewig geschieden. Die Kirche knüpft den Menschen an die höchste, oberste Gemeinschaft. Sie setzt für die Handlungen allerdings eine unwandelbare Regel fest, die Regel dieser geheimnisvollen Gemeinschaft, der Religion. Sie bemüht sich, alles entfernt zu halten, was dieselbe verletzen könnte. Aber hier ist auch die Grenze ihrer Wirksamkeit. Positiverweise hat sie keinen Einfluß auf menschliche Dinge; was sie von weltlicher Wirksamkeit in Anspruch nimmt, verliert sie an der geistlichen; mit der Einrichtung des Staates hat sie, wie gesagt, unmittelbar nichts zu schaffen.

KARL: Sie sind aber doch beide geistiger Natur. Wo wirst du die Grenze zwischen ihnen setzen?

FRIEDRICH: Der Geist der Kirche ist unbedingt gültig für das ganze Menschengeschlecht, der allgemeine. Ihrer Natur nach will wenigstens eine jede die allgemeine sein. Die Idee des Staates würde dagegen vernichtet werden, wenn er die Welt umfassen wollte: Staaten sind viele. Der Geist des Staates ist zwar göttlicher Anhauch, aber zugleich menschlicher Antrieb. Es ist eine Gemeinschaft beschränkterer Natur, über der jene höhere, von Bedingungen freiere Gemeinschaft schwebt.

KARL: Ich glaube jetzt, deine Gedanken im allgemeinen zu fassen. Die Staaten geistige Wesenheiten, notwendig und in der Idee voneinander verschieden. Die Formen der Verfassung, die einzelnen Institute allgemeine Notwendigkeiten des menschlichen Daseins, aber durch jene Idee modifiziert, erst durch sie bis zur Realität erfüllt und deshalb notwendig auch verschieden. Das private, und öffentliche Leben bis auf einen gewissen Punkt identisch; auch das Privatleben von der Idee, die den Staat belebt, abhängig. Diese mannigfaltigen Schöpfungen geistigen Lebens untergeordnet der höchsten Gemeinschaft der Kirche.

FRIEDRICH: Fasse aber auch diese Wesenheiten in ihrer vollen Bedeutung ins Auge! Soviel gesonderte, irdisch-geistige Gemeinschaften, von Genius und moralischer Energie hervorgerufen, in unaufhaltsamer Entwicklung begriffen, mitten in den Verwirrungen der Welt durch innern Trieb nach dem Ideal fortschreitend, eine jede auf ihre Weise. Schaue sie an, diese Gestirne, in ihren Bahnen, ihrer Wechselwirkung, ihrem Systeme!

KARL: Genug für heute. Schon höre ich die Wagen, die von dem Feste nach Hause fahren. Von den Zweifeln, die mir aufstoßen, reden wir weiter.

FRIEDRICH: Denn noch bei weitem deutlicher und vollständiger hätte ich mich aussprechen sollen. Indessen habe Dank, daß du meine Ideen aufgenommen, nicht von vornherein verworfen hast. Es ist so beruhigend und befestigt uns in uns selbst, in dem verwandten Geiste eine gleichartige Überzeugung hervorzurufen.

Die großen Mächte

Die großen Mächte

Mit Studien und Lektüre verhalt es sich nicht anders als mit den Wahrnehmungen einer Reise, ja mit den Ereignissen des Lebens selbst. So sehr uns das einzelne anziehen und fördern mag, indem wir es genießen, so tritt es doch mit der Zeit in den Hintergrund zurück, verwischt sich, verschwindet; nur die großen Eindrücke, die wir auf einer oder der anderen Stelle empfinden, die Gesamtanschauungen, die sich uns unwillkürlich oder durch besonders aufmerksame Beobachtungen ergaben, bleiben übrig und vermehren die Summe unseres geistigen Besitzes. Die vornehmsten Momente des genossenen Daseins treten in der Erinnerung zusammen und machen ihren lebendigen Inhalt aus.

Gewiß tut man wohl, nach der Lektüre eines bedeutenden Werkes sich die Resultate desselben, soweit man es vermag, abgesondert vorzulegen, die wichtigeren Stellen noch einmal zu übersehen, es ist ratsam, zuweilen die Summe eines mehrere umfassenden Studiums zu ziehen; ich gehe weiter und lade den Leser ein, sich die Ergebnisse einer langen historischen Periode, die nur durch mannigfaltige Bemühungen kennen zu lernen ist – der letzten anderthalb Jahrhunderte –, einmal im Zusammenhange zu vergegenwärtigen.

Ohne Zweifel hat in der Historie auch die Anschauung des einzelnen Momentes in seiner Wahrheit, der besonderen Entwickelung an und für sich einen unschätzbaren Wert; das Besondere trägt ein Allgemeines in sich. Allein niemals läßt sich doch die Forderung abweisen, vom freien Standpunkte aus das Ganze zu überschauen; auch strebt jedermann auf eine oder die andere Weise dahin; aus der Mannigfaltigkeit der einzelnen Wahrnehmungen erhebt sich uns unwillkürlich eine Ansicht ihrer Einheit.

Nur ist es schwer, eine solche auf wenigen Blättern mit gehöriger Rechtfertigung und einiger Hoffnung auf Beistimmung mitzuteilen. Ich will mich jedoch einmal daran wagen.

Denn womit könnte ich einen neuen Band dieser Zeitschrift besser einleiten, als wenn ich einige Irrtümer über den Bildungsgang der modernen Zeiten, die sich fast allgemein verbreitet haben, zu erschüttern vermöchte, wenn es mir einigermaßen gelänge, den Weltmoment, in dem wir uns befinden, deutlicher und unzweifelhafter, als es gewöhnlich geschehen mag, zur Anschauung zu bringen?

Wage ich mich nun an diesen Versuch, so darf ich nicht zu weit zurückgreifen, es wäre sonst notwendig eine Weltgeschichte zu schreiben, auch halte ich mich absichtlich an die großen Begebenheiten, an den Fortgang der auswärtigen Verhältnisse der verschiedenen Staaten; der Aufschluß für die inneren, mit denen jene in der mannigfaltigsten Wirkung und Rückwirkung stehen, wird darin großenteils enthalten sein.

Gehen wir davon aus, daß man in dem sechzehnten Jahrhundert die Freiheit von Europa in dem Gegensatz und dem Gleichgewichte zwischen Spanien und Frankreich sah. Von dem einen überwältigt, fand man eine Zuflucht bei dem andern. Daß Frankreich eine Zeitlang durch innere Kriege geschwächt und zerrüttet war, erschien als ein allgemeines Unglück; wenn man dann Heinrich IV. so lebhaft begrüßte, so geschah dies nicht allein, weil er der Anarchie in Frankreich ein Ende machte, sondern hauptsächlich weil er eben dadurch der Wiederhersteller einer gesicherten europäischen Ordnung der Dinge wurde.

Es ereignete sich aber, daß Frankreich, indem es dem Nebenbuhler allenthalben, in den Niederlanden, in Italien, auf der Halbinsel, die gefährlichsten Schläge beibrachte und die Verbündeten desselben in Deutschland besiegte, hierdurch selber ein Übergewicht an sich riß, größer als jener es in dem Höhepunkte seiner Macht besessen hatte.

Man vergegenwärtige sich den Zustand von Europa, wie er um das Jahr 1680 war.

Frankreich, so sehr dazu geeignet, so lange schon gewohnt, Europa in Gärung zu erhalten, – unter einem Könige, der es vollkommen verstand, der Fürst dieses Landes zu sein, dem sein Adel, nach langer Widerspenstigkeit endlich unterworfen, mit gleichem Eifer am Hof und in der Armee diente, mit dem sich seine Geistlichkeit wider den Papst verbündet hatte, – einmütiger, mächtiger als jemals vorher.

Um das Machtverhältnis einigermaßen zu überblicken, braucht man sich nur zu erinnern, daß zu der nämlichen Zeit, als der Kaiser seine beiden ersten stehenden Regimenter, Infanterie und Kürassiere, errichtete, Ludwig XIV. im Frieden bereits 100 000 Mann in seinen Garnisonen und 14 000 Mann Garde hielt; daß, während die englische Kriegsmarine in den letzten Jahren Karls II. immer mehr verfiel (sie hatte im Jahre 1678 83 Schiffe gezählt), die französische im Jahre 1681 auf 96 Linienschiffe vom ersten und zweiten Range, 42 Fregatten, 36 Feluken und ebensoviele Brander gebracht ward. Die Truppen Ludwigs XIV. waren die geübtesten, krieggewohntesten, die man kannte, seine Schiffe sehr wohl gebaut, kein anderer Fürst besaß zum Angriff wie zur Verteidigung so wohlbefestigte Grenzen.

Nicht allein aber durch die militärische Macht, sondern noch mehr durch Politik und Bündnisse war es den Franzosen gelungen, die Spanier zu überwältigen. Die Verhältnisse, ln welche sie dadurch gelangt waren, bildeten sie zu einer Art von Oberherrschaft aus.

Betrachten wir zuerst den Norden und Osten. Im Jahre 1674 unternahm Schweden einen gefährlichen Krieg, ohne Vorbereitung, ohne Geld, ohne rechten Anlaß, nur auf das Wort von Frankreich und im Vertrauen auf dessen Subsidien. Die Erhebung Johann Sobieskis zur polnischen Krone ward in einem offiziellen Blatte als ein Triumph Ludwigs XIV. angekündigt; König und Königin waren lange im französischen Interesse. Von Polen aus unterstützte man, wenn es über Wien nicht mehr möglich war, die ungarischen Mißvergnügten; die Franzosen vermittelten die Verbindung derselben mit den Türken; denn auf den Diwan übten sie ihren alten, durch die gewöhnlichen Mittel erhaltenen Einfluß ohne Störung. Es war alles *ein* System. Eine vorzügliche Rücksicht der französischen Politik bestand darin, den Frieden zwischen Polen und Türken zu erhalten; dazu wurde selbst der Tatarkhan angegangen. Eine andere war, Schweden von den Russen nicht mit Krieg überziehen zu lassen. Kaum machten, sagt Contarini 1681, die Moskowiter Miene, Schweden anzugreifen, das mit Frankreich verbündet ist, so drohten die Türken, mit Heeresmacht in das Land des Zaren einzufallen. Genug, Krieg und Friede dieser entfernten Gegenden hingen von Frankreich ab.

Man weiß, wie unmittelbar, hauptsächlich durch Schweden, das nämliche System Deutschland berührte. Aber auch ohne dies war unser Vaterland entzweit und geschwächt. Bayern und Pfalz waren durch Heiratsverbindungen an den französischen Hof geknüpft, und fast alle übrigen Fürsten nahmen zu einer oder der anderen Zeit Subsidien; der Kurfürst von Köln überlieferte vermöge eines förmlichen Traktates, den er durch verschiedene Scheinverträge verheimlichte, seine Festung Neuß an eine französische Besatzung.

Auch in dem mittleren und dem südlichen Europa war es nicht viel anders. Die Schweizer dienten zuweilen, über 20 000 Mann stark, in den französischen Heeren, und von der Unabhängigkeit ihrer Tagsatzungen war bei so starkem öffentlichen, noch stärkerem geheimen Einfluß nicht mehr viel zu rühmen. Um sich Italien offen zu erhalten, hatte Richelieu Pinarolo genommen; noch wichtiger ist Casale, durch welches Mailand und Genua unmittelbar bedroht werden. Jedermann sah, welche Gefahr es wäre, wenn auch dieser Platz in französische Hände komme; jedoch wagte kein Mensch, sich der Unterhandlung, die Ludwig XIV. mit dem Herzoge von Mantua darüber pflog, obwohl sie lange genug dauerte, ernstlich zu widersetzen, und endlich rückte eine französische Besatzung daselbst ein. Wie der Herzog von Mantua waren auch die übrigen italienischen Fürsten großenteils in der Pflicht von Frankreich. Die Herzogin von Savoyen und, jenseit der Pyrenäen, die Königin von Portugal waren Französinnen. Der Kardinal d'Etrées hatte über die eine wie die andere eine so unzweifelhafte Gewalt, daß man gesagt hat, er beherrsche sie despotisch, durch sie die Länder.

Sollte man aber glauben, daß Frankreich indes selbst auf seine Gegner vom Hause Österreich, im Kampf mit denen es eben seine vorherrschende Gewalt erworben hatte, einen entschiedenen Einfluß erwarb? Es verstand, die spanische und die deutsche Linie zu trennen. Der junge König von Spanien vermählte sich mit einer französischen Prinzessin, und gar bald zeigte sich dann die Wirksamkeit des Botschafters von Frankreich auch in den inneren Angelegenheiten von Spanien. Der bedeutendste Mann, den dies Land damals hatte, der zweite Don Juan d'Austria, ward, soviel ich finde, durch die Franzosen in den Mißkredit gebracht, in welchem er starb. Aber auch zu Wien, selbst mitten im Kriege, wußten sie, wiewohl bloß insgeheim, Fuß zu fassen. Nur unter einer solchen Voraussetzung wenigstens glaubte man die Schwankungen des dortigen Kabinetts begreifen zu können. Die Anordnungen des Hofkriegsrates waren, wie Montecuculi klagte, früher zu Versailles bekannt als in dem eigenen Hauptquartier.

Bei diesem Zustande der Dinge hätte wohl vor allen europäischen Staaten England den Beruf gehabt, wie es auch eigentlich allein die Kraft dazu besaß, sich den Franzosen zu widersetzen. Aber man weiß, durch welche sonderbare Vereinigung der mannigfaltigsten Beweggründe der Politik und der Liebe, des Luxus und der Religion, des Interesses und der Intrige Karl II. an Ludwig XIV. gebunden war. Für den König von Frankreich waren diese Bande jedoch noch nicht fest genug. In dem nämlichen Augenblicke ließ er sich angelegen sein, auch die wichtigsten Mitglieder des Parlaments an sich zu ziehen. So independent, so republikanisch gesinnt sie waren, so brauchte er doch nur die nämlichen Mittel anzuwenden. Die Gründe, sagt der französische Gesandte Barrillon von einem derselben, die Gründe, die ich ihm anführte, überzeugten ihn nicht; aber das Geld, das ich ihm gab, das machte ihn sicher. Hierdurch erst bekam Ludwig XIV. England in seine Gewalt. Hätte der König sich von ihm entfernt, so würde derselbe Widerstand im Parlament gefunden haben, sobald das Parlament dem nationalen Widerwillen gegen die Franzosen Raum gab, stellte sich der König entgegen. Ludwigs Politik war, und Barrillon sagt ausdrücklich, es liege demselben am Herzen, eine Vereinigung der Engländer, eine Aussöhnung zwischen König und Parlament zu verhindern. Nur allzuwohl gelang es ihm, die englische Macht ward hierdurch völlig neutralisiert.

Und so war allerdings Europa den Franzosen gegenüber entzweit und kraftlos, ohne Herz, wie ein Venezianer sagt, und ohne Galle. Welch ein Zustand der allgemeinen Politik, daß man es duldete, als Ludwig auf den Antrag eines seiner Parlamentsräte zu Metz jene Reunionskammern einrichtete, vor die er mächtige Fürsten zitierte, um über ihre Rechte an Land und Leute, durch Staatsverträge gewährleistet, wie über Privatrechte von seinen Gerichten entscheiden zu lassen! Welch ein Zustand des Deutschen Reiches, daß es sich Straßburg so gewaltsam, so wider die Natur der Dinge entreißen ließ! Man erlaube mir, anzuführen, wie ein Fremder lange nachher die Eroberung des Elsaß bezeichnet. »Wenn man die Geschichte davon liest,« sagt Young in einer Reisebeschreibung, »so macht sie einen so tiefen Eindruck nicht daß ich aber, aus Frankreich kommend, über hohe Gebirge mußte und dann in eine Ebene hinabstieg, in der ein von den Franzosen in Sitte, Sprache und Abstammung ganz unterschiedenes Volk wohnt (die Ebene, welche damals erobert wurde), das machte mir Eindruck.« Und eine solche Beleidigung nahm Deutschland hin und schloß darüber einen Stillstand.

Was gab es da noch, das sich Ludwig XIV. nicht hätte erlauben sollen? Ich will nicht dabei verweilen, wie er Genua mißhandelte, wie er seinen Ambassadeur dem Papst zum Trotz mit einer bewaffneten Macht in Rom einrücken ließ, erinnern wir uns nur, wie er selbst seiner Freunde nicht schonte. Er nahm Zweibrücken in Besitz, obwohl es seinem alten Bundesgenossen, dem Könige von Schweden, gehörte; sein Admiral beschoß Chios, weil sich tripolitanische Seeräuber dahin geflüchtet, obgleich die Türken seine Verbündeten waren; einiger Forts, die der englischen Gesellschaft der Hudsonbai gehörten, bemächtigte er sich mitten im Frieden, während des besten Einverständnisses. Jener Königin von Polen versagte Ludwig XIV. eine geringfügige Genugtuung ihres Ehrgeizes. Nachdem er sich Freunde gemacht, durch Geld oder Unterstützung, liebt er es, sie zu vernachlässigen, sei es, um ihnen zu beweisen, daß er sie im Grunde doch nicht brauche, oder in der Überzeugung, die Furcht vor seinem Unwillen allein werde sie in Pflicht halten. In jeder Unterhandlung will er dies sein Übergewicht fühlen lassen. Von einem seiner auswärtigen Minister sagt er selbst: »Ich habe ihn entfernen müssen; denn allem, was durch seine Hand ging, gebrach es an der Großartigkeit und Kraft, welche man zeigen muß, wenn man die Befehle eines Königs von Frankreich ausführt, der nicht unglücklich ist.«

Man darf annehmen, daß diese Gesinnung der vornehmste Antrieb selbst seiner Kriegslust war. Schwerlich war gerade eine ausschweifende Ländergier in ihm; von einer weit um sich greifenden Eroberung war eigentlich nicht die Rede. Wie die Feldzüge selbst nur eben mit zu den Beschäftigungen des Hofes gehören, – man versammelt ein Heer, man läßt es vor den Damen paradieren; alles ist vorbereitet; der Schlag gelingt; der König rückt in die eroberte Stadt ein, dann eilt er zum Hofe zurück, – so ist es hauptsächlich diese triumphierende Pracht der Rückkehr, diese Bewunderung des Hofes, worin er sich gefällt; es liegt ihm nicht soviel an der Eroberung, an dem Kriege, als an dem Glanze, den sie um ihn verbreiten. Nein! einen freien, großen, unvergänglichen Ruhm sucht er nicht; es liegt ihm nur an den Huldigungen seiner Umgebung, diese ist ihm Welt und Nachwelt.

Aber darum war der Zustand von Europa nicht weniger gefährdet. Sollte es einen Supremat geben, so müßte es wenigstens ein rechtlich bestimmter sein. Dies faktisch Unrechtmäßige, das den ruhigen Zustand jeden Augenblick durch Willkür stört, würde die Grundlage der europäischen Ordnung der Dinge und ihrer Entwickelung auflösen. Man bemerkt nicht immer, daß diese Ordnung sich von anderen, die in der Weltgeschichte erschienen sind, durch ihre rechtliche, ja juridische Natur unterscheidet. Es ist wahr, die Weltbewegungen zerstören wieder das System des Rechtes, aber nachdem sie vorübergegangen, setzt sich dies von neuem zusammen, und alle Bemühungen zielen nur dahin, es wieder zu vollenden.

Und das wäre noch nicht einmal die einzige Gefahr gewesen. Eine andere nicht minder bedeutende lag darin, daß ein so entschieden vorherrschender Einfluß einer Nation es schwerlich zu einer selbständigen Entwickelung der übrigen hätte kommen lassen, um so weniger, da er durch das Übergewicht der Literatur unterstützt wurde. Die italienische Literatur hatte den Kreis ihrer originalen Laufbahn bereits vollendet; die englische hatte sich noch nicht zu allgemeiner Bedeutung erhoben; eine deutsche gab es damals nicht. Die französische Literatur, leicht, glänzend und lebendig, in streng geregelter und doch anmutender Form, faßlich für alle Welt und doch von nationaler Eigentümlichkeit, fing an, Europa zu beherrschen. Es sieht beinahe wie ein Scherz aus, wenn man bemerkt hat, daß z.B. das Diktionär der Akademie, in welchem sich die Sprache fixierte, besonders an Ausdrücken der Jagd und des Krieges reich ist, wie sie am Hofe gang und gäbe waren; aber leugnen läßt sich nicht, daß diese Literatur dem Staate völlig entsprach und ein Teil den anderen in der Erwerbung seines Supremats unterstützte. Paris ward die Kapitale von Europa. Es übte eine Herrschaft wie nie eine andere Stadt, der Sprache, der Sitte, gerade über die vornehme Welt und die wirksamen Klassen, die Gemeinschaftlichkeit von Europa fand hier ihren Mittelpunkt. Sehr besonders ist es doch, daß die Franzosen schon damals ihre Verfassung aller Welt angepriesen haben, »den glücklichen Zustand der schutzreichen Untertänigkeit, in dem sich Frankreich unter seinem Könige befinde, einem Fürsten, welcher vor allen verdiene, daß die Welt von seiner Tapferkeit und seinem Verstande regiert und in rechte Einigkeit gebracht werde.«

Versetzt man sich in jene Zeit, in den Sinn eines Mitlebenden zurück, welch eine trübe, beengende, schmerzliche Aussicht! Es konnte doch geschehen, daß die falsche Richtung der Stuarts in England die Oberhand behielt und die englische Politik sich auf ganze Zeiträume hinaus an die französische fesselte. Nach dem Frieden von Nimwegen wurden die lebhaftesten Unterhandlungen gepflogen, um die Wahl eines römischen Königs auf Ludwig XIV. selbst oder doch den Dauphin fallen zu lassen, bedeutende Stimmen waren dafür gewonnen, »denn allein der allerchristlichste König sei fähig, dem Reiche seinen alten Glanz wiederzugeben«; und so unmöglich war es nicht, daß unter begünstigenden Umständen eine solche Wahl wirklich getroffen wurde; wie dann, wenn hernach auch die spanische Monarchie an einen Prinzen dieses Hauses fiel? Hätte zugleich die französische Literatur beide Richtungen, deren sie fähig war, die protestantische so gut wie die katholische, ausgebildet, so würde Staat und Geist der Franzosen sich mit unwiderstehlicher Gewalt Europa unterworfen haben. Versetzt man sich, wie gesagt, in jene Zeit zurück, wodurch würde man glauben, daß einer so unglücklichen Wendung der Dinge Einhalt geschehen könnte?

Gegen den Anwachs der Macht und des politischen Übergewichtes konnten die minder Mächtigen sich vereinigen. Sie schlossen Bündnisse, Assoziationen. Dahin bildete sich der Begriff des europäischen Gleichgewichtes aus, daß die Vereinigung vieler anderen dienen müsse, die Anmaßungen des exorbitanten Hofes, wie man sich ausdrückte, zurückzudrängen. Um Holland und Wilhelm III. sammelten sich die Kräfte des Widerstandes. Mit gemeinschaftlicher Anstrengung wehrte man die Angriffe ab, führte man die Kriege. Allein man würde geirrt haben, wenn man sich hätte überreden wollen, es liege darin eine Abhilfe auf immer. Einem europäischen Bündnisse und einem glücklichen Kriege zum Trotz wurde ein Bourbon König von Spanien und Indien; über einen Teil von Italien sogar breitete sich in dem allmählichen Fortgang der Dinge die Herrschaft dieses Geschlechtes aus.

In großen Gefahren kann man wohl getrost dem Genius vertrauen, der Europa noch immer vor der Herrschaft jeder einseitigen und gewaltsamen Richtung beschützt, jedem Druck von der einen Seite noch immer Widerstand von der andern entgegengesetzt und bei einer Verbindung der Gesamtheit, die von Jahrzehnt zu Jahrzehnt enger und enger geworden, die allgemeine Freiheit und Sonderung glücklich gerettet hat. Da das Übergewicht Frankreichs auf der Überlegenheit seiner Streitkräfte, auf innerer Stärke beruhte, so war ihm nur dadurch wahrhaft zu begegnen, daß ihm gegenüber auch andere Mächte zu innerer Einheit, selbständiger Kraft und allgemeiner Bedeutung entweder zurückkehrten oder aufs neue emporkämen. Überblicken wir in wenigen flüchtigen Zügen, wie dies geschah.

Zuerst erhob sich England zu dem Gefühle seiner Stärke. Dies war, sahen wir, bisher dadurch zurückgehalten, gebrochen worden, daß Ludwig XIV. zugleich Karl II. und das Parlament bearbeitete und bald den einen, bald das andere für seine Zwecke zu bestimmen wußte. Mit Jakob II. aber stand Ludwig in einem viel vertraulicheren Verhältnis als mit Karl. Wenn nichts anderes, so vereinigte sie schon ihre religiöse Gesinnung, die gemeinschaftliche Devotion. Daß Jakob den Katholizismus so auffallend begünstigte, war einem Fürsten erwünscht, der die Protestanten selber grausam verfolgte. Ludwig ergoß sich in Lob, und der englische Gesandte kann nicht genug sagen, mit welcher Herzlichkeit er sich zu jedem erdenklichen Beistand erboten habe, als Jakob den entscheidenden Schritt getan und die Bischöfe gefangen gesetzt hatte. Aber eben dies bewirkte, daß alle populären und, da die englische Kirche angegriffen war, selbst die aristokratischen Gewalten sich zugleich ihrem Könige und den Franzosen entgegenwarfen. Es war eine religiöse, nationale und im Interesse des bedrohten Europas unternommene Bewegung, der die Stuarts unterlagen. Eben der leitete sie, der bisher die Seele aller Unternehmungen gegen Frankreich gewesen war, Wilhelm III. Der neue König und sein Parlament bildeten seitdem eine einzige Partei. Es konnte Streitigkeiten, selbst heftige Streitigkeiten zwischen ihnen geben, aber auf die Dauer, in der Hauptsache konnten sie sich nicht wieder entzweien, zumal da der Gegensatz so stark war, den sie gemeinschaftlich erfuhren. Die Parteien, die sich bisher in die Extreme geworfen, um einander von den entgegengesetztesten Standpunkten aus zu befehden, wurden in den Kreis des Bestehenden verwiesen, wo sie freilich auch miteinander stritten, aber sich zugleich miteinander ausglichen, wo ihr Widerstreit zu einem lebendigen Gärungsstoff der Verfassung wurde. Es ist nicht ohne Interesse, diesen Zustand mit dem französischen zu vergleichen. Sie hatten doch vieles gemein. In Frankreich wie in England waren aristokratische Geschlechter im Besitz der Gewalt; die einen wie die anderen genossen einer alle anderen ausschließenden Berechtigung, sie besaßen dieselbe beide vermöge ihrer Religion, die einen durch ihren Katholizismus, die anderen durch ihren Protestantismus. Dabei aber bestand der größte Unterschied. In Frankreich war alles Uniformität, Unterordnung und Abhängigkeit eines reich entwickelten, aber sittlich verderbten Hofwesens. In England ein gewaltiges Ringen, ein politischer Wettkampf zweier fast mit gleichen Kräften ausgerüsteter Parteien innerhalb eines bestimmten, umschriebenen Kreises. In Frankreich schlug die nicht ohne Gewalt gepflanzte Devotion nur zu bald in ihr offenbares Gegenteil um. In England bildete sich eine vielleicht beschränkte, im ganzen männlich selbstbewußte Religiosität aus, die ihre Gegensätze überwand. Jenes verblutete an den Unternehmungen eines falschen Ehrgeizes, diesem strotzten die Adern von jugendlicher Kraft. Es war, als träte der Strom der englischen Nationalkraft nun erst aus den Gebirgen, zwischen denen er sich bisher zwar tief und voll, aber enge, sein Bette gewühlt, in die Ebene hervor, um sie in stolzer Majestät zu beherrschen, Schiffe zu tragen und Weltstädte an seinen Ufern gründen zu sehen. Das Recht der Geldbewilligung, über welches bisher die meisten Streitigkeiten zwischen dem König und dem Parlament ausgebrochen, fing nun vielmehr an, sie miteinander zu verbinden. Karl II. hatte während des Vierteljahrhunderts seiner Regierung alles in allem dreiundvierzig Millionen Pfund eingenommen. Wilhelm empfing binnen dreizehn Jahren zweiundsiebzig Millionen Pfund, wie ungeheuer aber stiegen seitdem diese Anstrengungen! Eben darum stiegen sie, weil sie freiwillig waren, weil man sah, daß ihr Ertrag nicht dem Luxus weniger Hofleute, sondern dem allgemeinen Bedürfnis diente. Da war das Übergewicht der englischen Marine nicht lange zweifelhaft. Im Jahre 1678 war es als ein blühender Zustand der königlichen Flotte erschienen, daß sie, die Brander eingeschlossen, 83 Kriegsschiffe zählte, mit einer Bemannung von 18323 Mann. Im Dezember 1701 besaß man dagegen, Brander und kleinere Fahrzeuge ausgeschlossen, 184 Schiffe vom ersten bis sechsten Range mit einer Bemannung von 53921 Mann. Wenn, wie man glaubt, der Ertrag des Postwesens einen Maßstab für den inneren Verkehr abgibt, so muß man sagen, daß auch dieser ungemein gestiegen war. Im Jahre 1660 soll die Post 12 000 Pfund, im Jahre 1699 dagegen 90 504 Pfund Sterling abgeworfen haben. Man hat gleich damals bemerkt, daß das eigentliche nationale

Motiv zu dem Spanischen Erbfolgekriege die Besorgnis war, Frankreich und Spanien vereinigt möchten den westindischen Verkehr den Engländern und Holländern wieder entreißen. Hätte auch sonst der Friede, den man zuletzt schloß, den Tadel verdient, den die Whigs so lebhaft über denselben aussprachen, so hat er doch diese Furcht beseitigt. Nichts bezeichnet mehr das Übergewicht der Engländer über die bourbonischen Mächte, als daß sie Gibraltar behaupteten. Den besten Verkehr mit den spanischen Kolonien brachten sie nunmehr sogar durch Vertrag an sich, indes die eigenen sich in ungeheuerem Fortschritt ausbreiteten. Wie Batavia vor Kalkutta, so verschwand seitdem der alte maritime Glanz von Holland vor dem englischen, und schon Friedrich der Große fand zu bemerken, Holland folge dem Nachbar wie ein Boot seinem Schiff. Die Vereinigung mit Hannover brachte ein neues, kontinentales, nicht minder antifranzösisches Interesse hinzu. In dieser großen Bewegung erhob sich die englische Literatur zuerst zu europäischer Wirksamkeit, und sie fing an, mit der französischen zu wetteifern. Naturforschung und Philosophie, diese sowohl in der einen als in der anderen ihrer Richtungen, brachten eine neue und originale Weltansicht hervor, in der jener die Welt übermeisternde Geist sich selber faßte und widerspiegelte. Zwar würde man zu viel behaupten, wenn man den Engländern die Schöpfung vollendeter, in der Form unvergänglicher Denkmale der Poesie oder der Kunst in dieser Zeit zuschreiben wollte; aber herrliche Genies hatten sie auch damals, und längst besaßen sie wenigstens einen großen Dichter, dessen Werke – für alle Zeiten faßlich und wirksam, wie sie sind – Europa nun erst kennen lernte. Hatten sie eine Zeitlang französische Formen nicht verschmäht, so nahm man nun an den ausgezeichnetsten Franzosen die Wirkung ihres Geistes und ihrer Wissenschaft wahr.

Dergestalt setzte sich Ludwig XIV. jenem Nebenbuhler, dessen er durch Politik oder den Einfluß der Religion Herr zu werden gehofft hatte, mächtiger in sich, großartiger und gefährlicher, als man irgend hatte erwarten können, entgegen. Alle maritimen Beziehungen, alle Verhältnisse des europäischen Westens wurden dadurch von Grund aus verändert.

Indessen war zur nämlichen Zeit auch der Osten umgestaltet.

Ich kann die Meinung nicht teilen, daß das deutsche Österreich in der Bedeutung, in der wir es erblicken, eine alte Macht zu nennen sei. Während des Mittelalters hätte es ohne das Kaisertum nur wenig zu sagen gehabt. Dann ward es von der spanischen Monarchie zugleich mit fortgezogen und in Schatten gestellt; am Ende des sechzehnten Jahrhunderts war es durch den Zwiespalt der Religion und die erblichen Berechtigungen der Stände in seinen verschiedenen Landschaften alles auswärtigen Ansehens entkleidet worden; im Anfang des Dreißigjährigen Krieges mußten deutsche Heere dem Kaiser sein Erbland wiedererobern. Selbst der Glanz, den die wallensteinischen Unternehmungen auf Ferdinand II. warfen, war doch nur vorübergehend; und welche gewaltsame Rückwirkung riefen sie nicht hervor! Wie oft wurden seitdem die Hauptstädte österreichischer Provinzen von den schwedischen Heeren bedroht! Jedoch gelang es eben damals dem Hause Österreich, durch die Vernichtung seiner Gegner, die Erhebung seiner Anhänger, die endliche Befestigung des Katholizismus seine Macht im Innern auf immer zu begründen. Es war der erste Schritt zu dem Ansehen, das es in neuerer Zeit erworben hat. Zu einer selbständigen und europäisch bedeutenden Macht wurde aber Österreich erst durch die Wiedereroberung von Ungarn. Solange Osen in den Händen der Türken war, konnten die Franzosen Österreich bedrohen, ja außerordentlich gefährden, sooft es ihnen gefiel, ihren Einfluß auf den Diwan dahin zu verwenden. Haben sie den Zug Kara Mustaphas im Jahre 1683 auch nicht veranlaßt, so haben sie doch darum gewußt. Ihre Absicht war dabei nicht, Deutschland oder die Christenheit zu verderben, so weit gingen sie nicht; aber Wien wollten sie nehmen, die Türken wollten sie selbst bis an den Rhein vordringen lassen. Dann wäre Ludwig XIV. als der einzige Schirm der Christenheit hervorgetreten; in der Verwirrung, die eine solche Bewegung hätte hervorbringen müssen, würde es ihm nicht haben fehlen können, über die deutsche Krone zu verfügen und sie, wenn er nur wollte, selbst an sich zu nehmen.

Unter den Mauern von Wien schlug dieser Plan fehl. Es war die letzte große Anstrengung der Türken, die um so verderblicher auf sie zurückwirkte, da sie alle ihre Kräfte dazu in barbarischem Übermaße aufgewendet hatten. Seitdem wichen denn vor den deutschen Kriegsscharen, welche, wie ein Italiener sagt, »wie eine starke, undurchdringliche Mauer« vorrückten, die ungeordneten türkischen Haufen allenthalben zurück, vergebens erklärte ein Fetwa des Mufti, daß Ofen der Schlüssel des Reiches und die Verteidigung dieses Platzes eine Glaubenspflicht sei; es ging doch verloren; ganz Ungarn ward wiedererobert und zu einem erblichen Reiche gemacht. Die Mißvergnügten unterwarfen sich, in die Grenzen von Niederungarn rückte eine Raizische Bevölkerung ein, um dieses fortan wider die Türken zu verteidigen. Seitdem hatte Österreich eine ganz andere Grundlage als früher. Sonst wurden alle Kriege in Ungarn von deutschen Heeren geführt, und man sagte, alle dortigen Flüsse seien mit deutschem Blute gefärbt, jetzt erschienen die Ungarn als der Kern der österreichischen Heere in den deutschen Kriegen. Nun war es der französischen Diplomatie nicht mehr möglich, die Türken bei jedem leichten Anlaß in das Herz der Monarchie zu rufen, nur noch einmal fand sie bei den Mißvergnügten Beistand und Hilfe, endlich war alles ruhig, eben auf diejenige Provinz, die ihn bisher am meisten gefährdet hatte, gründete seitdem der Kaiser seine Gewalt.

Man sieht von selbst, welch eine Veränderung die Befestigung dieser stabilen, reichen, wohlbewaffneten Macht, welche die Türken in Zaum, ja in Furcht hielt, in den Verhältnissen des europäischen Ostens hervorbringen mußte.

Ludwig XIV. erlebte wenigstens den Anfang noch einer anderen.

Die Zustände von Polen, durch die es ihm leicht wurde, in diesem Lande immer eine Partei zu haben, die Macht von Schweden, das durch Herkommen und alten Bund wenigstens in der Regel an ihn geknüpft war, gaben ihm ohne viel Anstrengung ein entschiedenes Übergewicht in dem Norden. Karl XII. machte darin keine Änderung. Es war einer seiner ersten Entschlüsse, wie er zu seinem Kanzler sagte, »schlechterdings die Allianz mit Frankreich abzuschließen und zu dessen Freunden zu gehören.« Es ist wahr, der Spanische Erbfolgekrieg und der Nordische, die hierauf fast zu gleicher Zeit begannen, hatten keinen vorausbedachten, durch Unterhandlungen vermittelten Zusammenhang, obwohl man ihn oft vermutete, aber die schwedischen Unternehmungen kamen den Franzosen durch ihren Erfolg zustatten; in der Tat hatten die Begebenheiten eine gleichartige Tendenz. Während die spanische Sukzession dienen sollte, den Bourbonen den Süden von Europa in die Hände zu liefern, waren die alten Verbündeten der Bourbonen, die Schweden, nahe daran, die Herrschaft in dem Norden völlig an sich zu bringen. Nachdem Karl XII. die Dänen überfallen und zum Frieden gezwungen, nachdem er Polen erobert und einen König daselbst gesetzt, nachdem er die Hälfte von Deutschland, das in seinem Osten nicht viel besser befestigt war, als in seinem Westen, durchzogen und Sachsen eine Zeitlang innegehabt, blieb ihm zur Befestigung seiner Suprematie nichts mehr übrig, als den Zaren, den er schon einmal geschlagen, völlig zu vernichten. Dazu brach er mit seinem in Sachsen verjüngten Heere auf. Der Zar hatte sich indes mit großer Anstrengung gerüstet. Es kam zu dem entscheidenden Kampfe des Jahres 1709. Sie begegneten einander noch einmal, diese beiden nordischen Heroen, Karl XII. und Peter I., originale Geburten germanischer und slawischer Nationalität. Ein denkwürdiger Gegensatz. Der Germane großgesinnt und einfach, ohne Flecken in seinem Lebenswandel, ganz ein Held, wahr in seinen Worten, kühn in seinem Vornehmen, gottesfürchtig, hartnäckig bis zum Eigensinn, unerschütterlich. Der Slawe, zugleich gutmütig und grausam, höchst beweglich, noch halb ein Barbar, aber mit der ganzen Leidenschaftlichkeit einer frischen lernbegierigen Natur den Studien und Fortschritten der europäischen Nationen zugewandt, voll von großen Entwürfen und unermüdlich, sie durchzusetzen. Es ist ein erhabener Anblick, den Kampf dieser Naturen wahrzunehmen. Man könnte zweifeln, welches die vorzüglichere war; so viel ist gewiß, daß sich die größere Zukunft an die Erfolge des Zaren knüpfte. Während Karl für die wahren Interessen seiner Nation wenig Sinn zeigte, hatte Peter die Ausbildung der seinigen, die er selbst vorbereitet und begonnen, an seine Person geknüpft und ließ dieselbe sein vornehmstes Augenmerk sein. Er trug den Sieg davon. In dem Berichte, den er über die Schlacht von Pultawa an seine Leute ergehen ließ, fügte er in einer Nachschrift hinzu, »damit sei der Grundstein zu St. Petersburg gelegt.« Es war der Grundstein zu dem ganzen Gebäude seines Staates und seiner Politik. Seitdem fing Rußland an, in dem Norden Gesetze zu geben. Es wäre ein Irrtum, wenn man glauben wollte, es hätte dazu einer langen Entwickelung bedurft; es geschah vielmehr auf der Stelle. Wie hätte auch August II. von Polen, der seine Herstellung einzig und allein den Waffen der Russen verdankte, sich ihrem Einfluß entziehen können? Aber überdies mußte er in den inneren Entzweiungen, im Kampfe mit seinem Adel, ihre Hilfe aufs neue in Anspruch nehmen. Hierdurch ward Peter I. unmittelbarer Schiedsrichter in Polen, mächtig über beide Parteien; um so gewaltiger, da die Polen ihre Armee um drei Vierteile verminderten, während die seinige immer zahlreicher, geübter und furchtbarer wurde. Der Zar, sagt ein Venezianer im Jahre 1717, welcher sonst Gesetze von den Polen empfangen hat, gibt deren jetzt ihnen nach seinem Gutdünken mit unbeschränkter Autorität. Notwendigerweise hörte seitdem der Einfluß der Franzosen in Polen mehr und mehr auf, sie vermochten ihre Thronkandidaten nicht mehr zu befördern, selbst wenn sie den Adel für sich hatten. Indessen war Schweden durch eben diese Ereignisse entkräftet und herabgebracht worden. Noch in seinen letzten Tagen hatte Ludwig XIV. dieser Krone alle ihre Besitzungen garantiert, nichtsdestominder war sie zuletzt eines bedeutenden Teiles derselben verlustig gegangen. Wohl behaupteten die Franzosen ihren Einfluß in Stockholm. Man klagte dort 1756, Schweden werde von Paris aus regiert, wie eine französische Provinz. Aber wie gesagt, Schweden war ganz unbedeutend geworden. Es waren armselige innere Entzweiungen der Mützen und Hüte, auf die man Einfluß hatte. Wenn man sie ein paarmal benutzte, um einen Krieg gegen Rußland hervorzurufen, so war das eher ein Nachteil; man gab diesem Reiche nur Gelegenheit zu neuen Siegen und Vergrößerungen.

Und so war der Norden unter eine ganz andre Herrschaft geraten als die mittelbare von Frankreich; eine große Nation trat dort in eine neue, eine eigentlich europäische Entwickelung ein. In dem Osten war der französische Einfluß zwar nicht verschwunden, aber er hatte daselbst, obwohl Österreich unter Karl VI. schwach genug wurde, doch lange nicht mehr die alte Bedeutung. Die See war in den Händen des Nebenbuhlers; die vorteilhafte Verbindung, welche Frankreich über Cadiz mit dem spanischen Amerika angefangen, duldete oder unterbrach derselbe nach seiner Konvenienz.

In dem südlichen Europa dagegen, durch das natürliche Einverständnis der bourbonischen Höfe, das nach kurzer Unterbrechung bis zu gemeinschaftlichen Plänen hergestellt worden war, und in Deutschland hatte Frankreich noch immer ein großes Übergewicht.

Vor allem in Deutschland.

Es existieren Betrachtungen über den politischen Zustand von Europa vom Jahre 1736, die uns die Lage, besonders der deutschen Angelegenheiten, kurz vor dem österreichischen Sukzessionskriege geistreich und bündig schildern. Wenn der Verfasser zugibt, daß Kaiser Karl VI. seine Macht im Reiche zu erweitern, die Verfassung monarchischer zu machen bemüht sei, daß derselbe sogar durch seine Verbindung mit den Russen, die schon damals an dem Rhein erschienen, einigen Artikeln seiner Kapitulation zuwidergehandelt habe, so findet er doch auf dieser Seite die Gefahr so groß nicht, der letzte Krieg, meint er, habe die Schwäche des kaiserlichen Hofes offenbart, in dem Stolze und der Gewaltsamkeit, mit denen derselbe seine Pläne durchzusetzen suche, liege ein Heilmittel gegen sie. Hüten wir uns dagegen, ruft er aus, vielmehr vor denen, die durch geheime Kunstgriffe, durch einschmeichelnde Manieren und eine erdichtete Güte uns in die Sklaverei zu bringen suchen. Er findet, daß Kardinal Fleury, damals Premierminister von Frankreich, obwohl er die Miene außerordentlicher Mäßigung annehme, dessenungeachtet und zwar gerade unter diesem Scheine die Pläne eines Richelieu und Mazarin verfolge. Durch anscheinende Großmut schläfere er seine Nachbarn ein, er leihe gleichsam seinen sanften und ruhigen Charakter für die Politik seines Hofes her. Mit wie viel Klugheit, ohne Aufsehen und Lärm, habe er Lothringen an Frankreich zu bringen gewußt; – um die erwünschte Rheingrenze zu erobern, woran nicht gar viel fehle, erwarte er nur die Verwirrungen, die der Tod des Kaisers unfehlbar nach sich ziehen müsse.

Im Jahre 1740 starb Karl VI. Kardinal Fleury ließ sich sogar zu noch kühneren Schritten fortreißen, als man ihm zugetraut hatte. Er sagte geradeheraus, er wolle den Gemahl der Maria Theresia nicht zum Nachfolger ihres Vaters, weil derselbe schlecht französisch gesinnt sei; er vor allen war es, der Karl VII. von Bayern die deutsche Krone verschaffte, er faßte den Plan, in Deutschland vier, ungefähr gleich mächtige Staaten nebeneinander zu errichten, das Haus Österreich ziemlich auf Ungarn einzuschränken, Böhmen dagegen an Bayern, Mähren und Oberschlesien an Sachsen zu bringen, Preußen mit Niederschlesien zu befriedigen; wie leicht hätte über vier solche Staaten, die sich ihrer Natur nach niemals miteinander verstanden haben würden, Frankreich dann eine immerwährende Oberhoheit behauptet!

in Deutschland vier, ungefähr gleich mächtige Staaten nebeneinander zu errichten, das Haus Österreich ziemlich auf Ungarn einzuschränken, Böhmen dagegen an Bayern, Mähren und Oberschlesien an Sachsen zu bringen, Preußen mit Niederschlesien zu befriedigen; wie leicht hätte über vier solche Staaten, die sich ihrer Natur nach niemals miteinander verstanden haben würden, Frankreich dann eine immerwährende Oberhoheit behauptet!

Preußen

In diesem Moment einer augenscheinlichen wahren Gefahr des deutschen Vaterlandes, das damals weder mächtige Staaten hatte, noch durch Taten ausgezeichnete Männer, noch ein ausgesprochenes festes Nationalgefühl, – keine Literatur, keine Kunst und eigene Bildung, die es dem Übergewichte der Nachbarn hätte entgegensetzen können, trat Friedrich II. auf, erhob sich Preußen.

Es ist hier nicht der Ort, weder den Fürsten zu schildern, noch den Staat, den er fand, den er bildete, auch möchten wir es uns nicht so leicht getrauen, die ursprüngliche Kraft des einen und des anderen und die Fülle des Daseins, die sie entfalteten, darzustellen; suchen wir uns nur ihre Weltstellung zu vergegenwärtigen.

Dann müssen wir allerdings zugestehen, daß die erste Bewegung Friedrichs von der Richtung, welche die französische Politik gleich nach dem Tode Karls VI. einschlug, unterstützt wurde. Allein sollte er sich viel weiter mit derselben einlassen? Er selber ist es, der als Kronprinz und noch entfernt von eigentlichen Geschäften jene Betrachtungen, von denen ich eben eine Idee zu geben suchte, aufgesetzt hatte, sie sind, wie man sieht, ganz wider die französische Politik gerichtet. Die Gefahr, welche von dieser Seite her über Deutschland schwebte, sah er so deutlich, empfand er so lebhaft als irgend möglich. Eben deshalb aber hatte er seinen Krieg ganz auf eigene Hand unternommen, er wollte nie, daß der Erfolg seiner Waffen den Franzosen förderlich würde. Mit welchem Ernst erklärte er ihrem Gesandten, er sei ein deutscher Fürst, er werde ihre Truppen nicht länger auf deutschem Boden dulden, als das Wort der Verträge besage. In dem Spätjahre 1741 hätte es nicht so unmöglich scheinen sollen, Österreich völlig herabzubringen. Böhmen und Oberösterreich waren nicht viel minder in feindlichen Händen als Schlesien, Wien war so gut bedroht wie Prag, wenn man diese Angriffe mit angestrengten Kräften fortgesetzt hätte, wer will sagen, wozu es hätte kommen können? Ich will es Friedrich nicht als Großmut anrechnen, daß er diesen letzten Schritt vermied, er wußte am besten, daß es sein Vorteil nicht gewesen wäre, Frankreich des alten Gegners zu entledigen. Als er die Königin von Ungarn am Rande des Verderbens sah, wollte er sie Atem schöpfen lassen; er sagt es selbst, mit Bewußtsein hielt er inne und ging seinen Stillstand ein. Sein Sinn war, weder von Frankreich noch von Österreich abzuhängen, völlig frei wollte er sich fühlen und zwischen ihnen eine unabhängige, auf eigene Kraft gegründete Stellung einnehmen. In diesem einfachen Vorhaben liegt der Aufschluß für seine Politik während der Schlesischen Kriege. Nie ward eine Erwerbung mit eifersüchtigerer Wachsamkeit behauptet als die seinige. Er mißtraut den Freunden nicht minder als den Feinden, immer hält er sich gerüstet und schlagfertig, sobald er sich im Nachteil glaubt, sobald er die Gefahr nur von fern kommen sieht, greift er zu den Waffen, sowie er im Vorteil ist, sowie er den Sieg erfochten hat, bietet er die Hand zum Frieden. Wenn es sich versteht, daß es ihm nicht beikommen konnte, sich einem fremden Interesse zu widmen, so hat er doch auch sein eigenes ohne Übertreibung, ohne Selbstverblendung vor Augen, nie sind seine Forderungen übermäßig, nur das Nächste bezwecken sie, dabei aber will er bis zum Äußersten festhalten.

Indessen konnte wohl diese so unerwartet emporgekommene Unabhängigkeit, die eine kühne und trotzige Stellung einnahm, nicht anders als das Mißfallen, die Feindseligkeit der Nachbarn erregen.

Man begreift es, wenn Maria Theresia den Verlust einer reichen Provinz nicht sogleich verschmerzte und die Erhebung eines so glücklichen und geschickten Nebenbuhlers im Reiche mit Mißbehagen ansah. Aber auch in das nördliche System griff das Ansehen von Preußen bedeutend ein, daß es einen übrigens sehr unschuldigen Traktat zur Behauptung des Gleichgewichts im Norden mit Schweden und Frankreich eingegangen, erweckte ihm den ganzen Haß einiger russischen Minister, die ihre Suprematie im Norden bedroht glaubten.

Billig hätte der König um so mehr eine Stütze an Frankreich finden sollen. Aber daß er nicht wie Schweden zu regieren war, daß er sich erdreistete, eine freie selbständige Politik zu befolgen, zog ihm den Unwillen auch des Hofes von Versailles zu, obwohl dieser Hof sehr gut sah, was es auf sich habe, so beschloß er doch, sein ganzes System zu ändern und sich nunmehr an Österreich anzuschließen. Die öffentliche Meinung stimmte in einer jener plötzlichen Aufwallungen, die ihr besonders in Frankreich so eigen sind, dem Traktate freudig bei. So gelang es der Kaiserin, die beiden großen Kontinentalmächte mit sich zu vereinigen, minder Mächtige, die Nachbarn in Sachsen, Pommern, gesellten sich zu ihnen, es war ein Bund im Werke, nicht viel anders, als wie er nach Karls VI. Tode wider Österreich geschlossen worden war, und durch die Teilnahme von Rußland sogar noch stärker, von einer Teilung der preußischen Staaten war nicht minder die Rede, als früher von einer Teilung der österreichischen, und nur über der See fand Friedrich Verbündete – die nämlichen, die es damals mit Österreich gehalten hatten.

Im Besitz einer trotz der neuen Erwerbung doch nur sehr mäßigen, diesem Bunde gegenüber unbedeutenden Macht sollte er fähig sein, sollte er es nur wagen, den Kampf mit demselben zu bestehen?

Er hatte, wie bekannt, den Wiener Hof um eine kategorische Erklärung über dessen Rüstungen ersucht. »Wenn sie nur einigermaßen genugtuend ausfällt,« sagte er einem seiner Minister, »so marschieren wir nicht.« Endlich kam der erwartete Kurier. Es fehlte viel, daß die Antwort ausreichend gewesen wäre. »Das Los ist geworfen,« sagte er, »morgen marschieren wir!«

So stürzte er sich mutig in diese Gefahr; er suchte sie auf, er rief sie fast selbst hervor, aber erst mitten darin lernte er sie völlig kennen.

Wenn jemals ein Ereignis auf einer großen Persönlichkeit beruht hat, so ist es das Ereignis des Siebenjährigen Krieges.

Die Kriege unserer Zeit pflegen durch wenige entscheidende Schläge zu Ende gebracht zu werden; frühere dauerten länger; doch stritt man mehr über Forderungen und Ansprüche als über die Summe der Existenz, über das Sein oder Nichtsein der Staaten selbst. Der Siebenjährige Krieg unterscheidet sich dadurch, daß bei so langer Dauer doch jeden Augenblick die Existenz von Preußen auf dem Spiele stand. Bei dem Zustande der Dinge, der allgemeinen Feindseligkeit bedurfte es nur eines einzigen unglücklichen Tages, um diese Wirkung hervorzubringen. Vollkommen fühlte dies Friedrich selbst. Nach der Niederlage von Kollin rief er aus: »Es ist unser Pultawa!« Und wenn sich ihm dies Wort glücklicherweise nicht erfüllt hat, so ist doch wahr, daß er sich seitdem von Moment zu Moment vom Untergange bedroht sah.

Ich will nicht berühren, welche Hilfsquellen ihm in einer so verzweifelten Lage sein militärisches Genie, die Tapferkeit seiner Truppen, die Treue seiner Untertanen oder zufällige Umstände dargeboten haben. Die Hauptsache ist, daß er sich moralisch aufrechterhielt.

Nur zu leichten Geistesübungen, zu flüchtiger Poesie, zu akademischen Arbeiten hatte ihn die französische Philosophie angeleitet; eher zum Genuß des Lebens, solange es dauert, schien sie ihn einzuladen, als zu so gewaltigen Anstrengungen. Aber wir dürfen sagen, daß der wahre Genius selbst von der irrigen Lehre unverletzt bleibt. Er ist sich seine eigene Regel; er ruht auf seiner eigenen Wahrheit, es gehört nur dazu, daß ihm diese zum Bewußtsein komme; dafür sorgt dann das Leben, die Anstrengung einer großen Unternehmung, das Unglück macht ihn reif.

Ein großer Feldherr war Friedrich II. längst, die Unfälle, die er erlitt, machten ihn zum Helden. Der Widerstand, den er leistete, war nicht allein militärisch, es war zugleich ein innerer, moralischer, geistiger, der König führte diesen Krieg fortwährend in Überlegung der letzten Gründe der Dinge, in großartiger Anschauung der Vergänglichkeit alles irdischen Wesens.

Ich will seine Gedichte nicht als ausgezeichnete Werke poetischer Kraft rühmen, in solcher Hinsicht mögen sie manche Mängel haben, aber diejenigen wenigstens, welche während der Wechselfälle dieses Krieges entstanden sind, haben einen großartigen Schwung einfacher Gedanken, sie enthüllen uns die Bewegungen einer männlichen Seele in Bedrängnis, Kampf und Gefahr. Er sieht sich »mitten im tobenden Meer, der Blitz streift durch das Ungewltter, der Donner«, sagt er, »entladet sich über mein Haupt, von Klippen bin ich umgeben, die Herzen der Steuernden sind erstarrt; die Quelle des Glücks ist ausgetrocknet, die Palme verschwunden, der Lorbeer verwelkt.« Zuweilen mag er wohl in den Predigten des Bourdaloue einen Anhalt, eine Stärkung gesucht haben; häufiger wendete er sich zu der Philosophie der Alten. – Jedoch das dritte Buch des Lukrez, das er so oft studiert hat, sagte ihm nur, daß das Übel notwendig und kein Heilmittel dagegen möglich sei. Er war ein Mann, dem selbst aus dieser harten, verzweiflungsvollen Lehre erhabene Gedanken hervorgingen. Dem Tode, den er sich oft gewünscht auf dem Schlachtfelde gefunden zu haben, sah er auch auf eine andere Weise ohne Scheu geradezu ins Auge. Wie er seine Feinde gern mit den Triumvirn verglich, so rief er die Manen des Kato und des Brutus auf und war entschlossen, ihrem Beispiel zu folgen. Doch war er nicht ganz in dem Falle dieser Römer. Sie waren in den Gang eines allgemeinen Weltgeschickes verflochten – Rom war die Welt – ohne anderen Rückhalt als die Bedeutung ihrer Person und der Idee, für die sie sich schlugen; er aber hatte ein eigenes Vaterland zu vertreten und zu verfechten. Wenn irgendein besonderer Gedanke auf ihn gewirkt hat, so würden wir sagen, daß es dieser Gedanke an sein Land, an sein Vaterland gewesen ist. Wer schildert ihn uns nach der Kunersdorfer Schlacht, wie er den Umfang seines Unglücks und die Hoffnungslosigkeit seines Zustandes ermaß, wie er bei dem Haß und dem Glücke seiner Feinde alles für verloren hielt, wie er dann für sein Heer und sein Land nur einen einzigen Ausweg sah und den Entschluß faßte, diesen zu ergreifen, sich aufzuopfern, – bis sich ihm denn doch allmählich die Möglichkeit eines erneuten Widerstandes zeigte und er sich dieser fast hoffnungslosen Pflicht aufs neue widmete. Unmöglich konnte er sein Land, wie er es so lange sehen mußte, zurücklassen, »von den Feinden überschwemmt, seiner Ehre beraubt, ohne Hilfsquellen, in lauter Gefahr«,– »dir«, sagte er, »will ich die Reste meines unheilvollen Lebens widmen, ich will mich nicht in fruchtlosen Sorgen verzehren, ich werfe mich wieder in das Feld der Gefahr.« »Setzen wir uns«, ruft er dann seinen Truppen zu, »dem Geschick entgegen, mutig auf wider so viele, miteinander verschworene, vor Stolz und Vermessenheit trunkene Feinde!« So hielt er aus. Endlich erlebte er doch den Tag des Friedens. »Die Standhaftigkeit«, sagt er am Schluß seiner Geschichte dieses Krieges, »ist es allein, was in den großen Geschäften aus Gefahren zu erretten vermag.« Ungeschmälert behauptete er sein Land, und von dem Moment, daß er sich wieder den Herrn desselben wußte, ließ er seine vornehmste, seine einzige Sorge sein, die Wunden zu heilen, die der Krieg ihm geschlagen.

Wenn es als der Begriff einer großen Macht aufgestellt werden könnte, daß sie sich wider alle anderen, selbst zusammengenommen, zu halten vermögen müsse, so hatte Friedrich Preußen zu diesem Range erhoben. Seit den Zeiten der sächsischen Kaiser und Heinrichs des Löwen zum ersten Male sah man im nördlichen Deutschland eine selbständige, keines Bundes bedürftige, auf sich selber angewiesene Macht.

Es erfolgte, daß Frankreich von dem an in deutschen Angelegenheiten wenig oder nichts vermochte. Mit einer Opposition, wie es sie in dem österreichischen Erbfolgekriege erweckt oder begünstigt hatte, war es völlig vorbei. Hatte Preußen sich emanzipiert, so hatten Bayern und Sachsen sich wieder an Österreich angeschlossen.

Auch war so bald an keine Erneuerung dieses Verhältnisses zu denken, Frankreich selbst hatte sie dadurch verhindert, daß es in jene enge und genaue Allianz mit Österreich getreten war, die den Siebenjährigen Krieg herbeiführte. Ich will nicht untersuchen, inwiefern dieses Bündnis alle die anderen Folgen gehabt hat, welche die Franzosen, wenigstens nicht ohne Übertreibung, ihm zuschreiben; aber gewiß ist, daß Frankreich seine bisherige Stellung, kraft deren es die deutsche Opposition begünstigt hatte, hierdurch selber aufgab, daß »von diesem Augenblicke an«, wie dort gesagt, »der König von Preußen zum Nachteil der französischen Suprematie auf dem Kontinent der Beschützer der deutschen Freiheiten wurde.« Man glaube nicht, daß Österreich den Franzosen ihren alten Einfluß gestattet habe. Noch als Koregent und von allem Anfang ließ Joseph II. erklären er halte die Rechte der kaiserlichen Krone für heilig; er bitte sich aus, daß man ihm nicht daran rühre, wenn man mit ihm gut stehen wolle. Es war schon damals zu erkennen, daß der wahre Schutz der politischen Unabhängigkeit von Deutschland in einer freien und fest begründeten Vereinigung dieser beiden Mächte gegen das Ausland bestehe.

Diese große Veränderung bekam jedoch erst dadurch ihre volle Bedeutung, daß zugleich in der Literatur eine Befreiung der Nation von den französischen Vorbildern und ihrer falschen Nachahmung erfolgte. Ich will nicht sagen, daß sich unsere Nation nicht auch bisher geistiger Unabhängigkeit in einem gewissen Grade erfreut hätte. Am meisten lag dieselbe wohl in der Ausbildung des theologischen Systems, welches alle Geister ergriffen hatte und in der Hauptsache ursprünglich deutsch war. Allein einmal war es doch nur ein Teil der Nation, dem es angehörte; sodann in welch seltsame, scholastische Form fand sich hier die reine, ideale, innerliche Erkenntnis der Religion eingezwängt! Man kann die Tätigkeit und den teilweisen Erfolg nicht verkennen, mit denen in manchen anderen Wissenschaften gearbeitet wurde, aber sie hatten sich alle der nämlichen Form unterwerfen müssen; in verwickelten Lehrgebäuden, für die Überlieferung des Katheders, selten für eigentlich geistiges Verständnis geeignet, breiteten sie sich aus, die Universitäten beherrschten nicht ohne Beschränktheit und Zwang die allgemeine Bildung. Um so leichter geschah es, daß die oberen Klassen der Gesellschaft allmählich davon minder berührt wurden und sich, wie gedacht, von französischen Richtungen hinreißen ließen. Seit der Mitte des Jahrhunderts aber begann eine neue Entwickelung des nationalen Geistes. Wir dürfen nicht vergessen, daß diese doch sehr von jenem Standpunkt ausging, obwohl sie in einem gewissen Gegensatze mit demselben begriffen war. Unbefriedigt, zwar noch festgehalten, aber nicht mehr so beschränkt von dem dogmatischen System, erhob sich der deutsche Geist zu einer poetischen Ergänzung desselben; die Religion ward endlich einmal wieder, und zwar, worauf alles ankommt, ohne Schwärmerei, in ihren menschlichen Beziehungen dem Gemüte nahe gebracht. In kühnen Versuchen ermannte sich die Philosophie zu einer neuen Erörterung des obersten Grundes aller Erkenntnis. Nebeneinander, an demselben Orte, wesentlich verschieden, aber nahe verwandt, traten die beiden Richtungen der deutschen Philosophie hervor, welche seitdem, die eine mehr anschauend, die andere mehr untersuchend, sich neben-und miteinander ausgebildet, sich angezogen und abgestoßen, aber nur zusammen die Fülle eines originalen Bewußtseins ausgedrückt haben. Kritik und Altertumskunde durchbrachen die Masse der Gelehrsamkeit und drangen bis zu lebendiger Anschauung hindurch. Mit einem Schlage dazu erweckt, von seiner Gründlichkeit und Reife unterstützt, entwickelte dann der Geist der Nation selbständig und frei versuchend eine poetische Literatur, durch die er eine umfassende, neue, obwohl noch in manchem inneren Konflikt begriffene, doch im ganzen übereinstimmende Weltansicht ausbildete und sich selber gegenüberstellte. Diese Literatur hatte dann die unschätzbare Eigenschaft, daß sie nicht mehr auf einen Teil der Nation beschränkt blieb, sondern sie ganz umfaßte, ja ihrer Einheit zuerst wieder eigentlich bewußt machte. Wenn nicht immer neue Generationen großer Poeten auf die alten folgen, so darf man sich nicht so sehr darüber wundern. Die großen Versuche sind gemacht und gelungen, es ist im Grunde gesagt, was man zu sagen hatte, und der wahre Geist verschmäht es, auf befahrenen, bequemen Wegen einherzuschreiten. Doch wurde das Werk des deutschen Genius noch bei weitem nicht vollendet; seine Aufgabe war, die positive Wissenschaft zu durchdringen; mancherlei Hindernisse haben sich ihm dabei entgegengestellt, die aus dem Gange seiner eigenen Bildung oder auch anderen Einwirkungen entsprangen; wir dürfen nun hoffen, daß er sie alle überwinden, zu einem vollkommneren Verständnis in sich selbst gelangen und alsdann zu unablässig neuer Hervorbringung fähig sein werde.

Jedoch ich halte inne, denn von der Politik wollte ich reden, obschon diese Dinge auf das genaueste zusammengehören und die wahre Politik nur von einem großen nationalen Dasein getragen werden kann. Soviel ist wohl gewiß, daß zu dem Selbstgefühl, von welchem dieser Schwung der Geister begleitet war, keine andere Erscheinung so viel beigetragen hat wie das Leben und der Ruhm Friedrichs II. Es gehört dazu, daß eine Nation sich selbständig fühle, wenn sie sich frei entwickeln soll; und nie hat eine Literatur geblüht, ohne durch die großen Momente der Historie vorbereitet gewesen zu sein. Aber seltsam war es, daß Friedrich selbst davon nichts wußte, kaum etwas ahnte. Er arbeitete an der Befreiung der Nation, die deutsche Literatur mit ihm; doch kannte er seine Verbündeten nicht. Sie kannten ihn wohl. Es machte die Deutschen stolz und kühn, daß ein Held aus ihnen hervorgegangen war.

Es war, wie wir sahen, ein Bedürfnis des siebzehnten Jahrhunderts, Frankreich einzuschränken. Auf welche alle Erwartung übersteigende Weise war dies jetzt geschehen! Man kann im Grunde nicht sagen, daß sich ein künstlich verwickeltes politisches System hierzu gebildet habe; was man so nennt, waren die Formen; das Wesen bestand darin, daß sich große Staaten aus eigener Kraft erhoben, daß neue nationale Selbständigkeiten in ursprünglicher Macht den Schauplatz der Welt eingenommen hatten. Österreich, katholisch-deutsch, militärisch-stabil, in sich selbst voll frischer, unversiegbarer Lebenskräfte, reich, eine für sich abgeschlossene Welt. Das griechisch-slawische Prinzip trat in Rußland mächtiger hervor, als es jemals in der Weltgeschichte geschehen, die europäischen Formen, die es annahm; waren weit entfernt, dies ursprüngliche Element zu erdrücken, sie durchdrangen es vielmehr, belebten es und riefen seine Kraft erst hervor. Wenn sich dann in England die germanisch-maritimen Interessen zu einer kolossalen Weltmacht entwickelten, die alle Meere beherrschte, vor der alle Erinnerungen früherer Seemächte zurücktraten, so fanden die deutsch-protestantischen den Anhalt, den sie lange gesucht, ihre Darstellung und ihren Ausdruck in Preußen. »Wenn man das Geheimnis auch wüßte,« sagt ein Dichter, »wer hätte den Mut, es auszusprechen?« Ich will mich nicht vermessen, den Charakter dieser Staaten in Worte zu fassen, doch sehen wir deutlich, daß sie auf Prinzipien gegründet sind, die aus den verschiedenen großen Entwickelungen früherer Jahrhunderte hervorgegangen waren, daß sie sich diesen analog in ursprünglichen Verschiedenheiten und mit abweichenden Verfassungen ausbildeten, daß sie großen Forderungen entsprachen, die gemäß der Natur der Dinge an die lebenden Geschlechter geschahen. In ihrem Aufkommen, ihrer Ausbildung, welche, wie sich versteht, nicht ohne mannigfaltige Umgestaltung innerer Verhältnisse erfolgen konnte, liegt das große Ereignis der hundert Jahre, die dem Ausbruch der Französischen Revolution vorhergingen.

Französische Revolution

Hatte jenes Ereignis aber eine so unzweifelhaft für sich selber gültige Bedeutung, so ist doch nicht zu leugnen, daß eine Beschränkung von Frankreich damit erreicht war und daß dies Land die Erfolge der anderen als seine Verluste ansehen durfte. Auch war es ihnen immer lebhaft entgegengetreten. Wie oft suchte es früher die Fortschritte von Österreich in Ungarn und gegen die Türken aufzuhalten; wie oft mußten dann die besten Regimenter von der Donau, wo sie gegen die Türken standen, an den Rhein und wider die Franzosen abgerufen werden! Rußland hatte seinen Einfluß im Norden der französischen Politik abgewonnen. Als das Kabinett von Versailles innewurde, welche Stellung Preußen in der Welt einnahm und zu behaupten suchte, vergaß es seine amerikanischen Interessen, um diese Macht, ich sage nicht herabzubringen, sondern geradehin zu vernichten. Wie oft hatten die Franzosen die Jakobiten zu begünstigen, etwa einen Stuart nach England zu werfen, die alten Verhältnisse wiederherzustellen unternommen! Dafür bekamen sie denn auch, mochten sie mit Preußen wider Österreich oder mit Österreich wider Preußen stehen, allemal die Engländer zu Gegnern. Sie führten ihre Kriege auf dem festen Lande mit Verlusten zur See. Während des Siebenjährigen verloren sie, wie Chatham sagte, Amerika in Deutschland.

Und so stand Frankreich allerdings bei weitem nicht mehr so entschieden als der Mittelpunkt der europäischen Welt da, wie hundert Jahre früher. Es mußte die Teilung von Polen vor seinen Augen vollziehen lassen, ohne darum gefragt zu werden. Es mußte, was es tief empfand, gestatten, daß im Jahre 1772 eine englische Fregatte an der Reede von Toulon erschien, um über die stipulierte Entwaffnung der Flotte zu wachen. Selbst die kleineren unabhängigen Staaten, wie Portugal, die Schweiz, hatten anderen Einwirkungen Raum gegeben.

Zwar ist sogleich zu bemerken, daß das Übel nicht so schlimm war, wie man es oft vorgestellt hat; Frankreich behauptete doch seinen alten Einfluß auf die Türkei; durch den Familienvertrag hatte es Spanien an seine Politik gekettet; die spanischen Flotten, die Reichtümer der spanischen Kolonien standen zu seiner Verfügung; auch die übrigen bourbonischen Höfe, zu denen sich der Turiner beinahe mit rechnete, schlossen sich an Frankreich an, die französische Fraktion siegte endlich in Schweden. Allein einer Nation, die sich mehr als jede andere in dem Schimmer einer allgemeinen Superiorität gefällt, war dies lange nicht genug. Sie fühlte nur den Verlust von Ansprüchen, die sie als Rechte betrachtete; sie bemerkte nur, was die anderen erobert, nicht was sie behauptet hatte; mit Unwillen sah sie so gewaltige starke, wohlgegründete Mächte sich gegenüber, denen sie nicht gewachsen war.

Man hat so viel von den Ursachen der Revolution geredet und sie wohl auch da gesucht, wo sie nimmermehr zu finden sind. Eine der wichtigsten liegt meines Erachtens in diesem Wechsel der auswärtigen Verhältnisse, der die Regierung in tiefen Mißkredit gebracht hatte. Es ist wahr, sie wußte weder den Staat recht zu verwalten noch den Krieg gehörig zu führen; sie hatte die gefährlichsten Mißbräuche überhandnehmen lassen; und der Verfall ihres europäischen Ansehens war daher großenteils mit entsprungen. Aber die Franzosen schrieben ihrer Regierung auch alles das zu, was doch nur ein Werk der veränderten Weltstellung war. Sie lebten In der Erinnerung der Zeiten der Machtfülle Ludwigs XIV., und alle die Wirkungen, die daher rührten, daß sich andere Staaten mit frischen Kräften erhoben hatten, die sich einen Einfluß, wie man ihn früherhin ausgeübt, nicht mehr gefallen ließen, gaben sie der Unfähigkeit ihrer auswärtigen Politik und dem allerdings unleugbaren Verfall ihrer Zustände schuld.

Daher kam es, daß die Bewegungen von Frankreich, wenn sie auf der einen Seite einen reformatorischen Charakter hatten, der sich nur zu bald in einen revolutionären umsetzte, doch auch von allem Anfang eine Richtung gegen das Ausland nahmen.

Gleich der amerikanische Krieg entwickelte diese Doppelseitigkeit. Wenn man es nicht wüßte, so könnte man aus den Memoiren von Ségur sehen, aus welcher sonderbaren Mischung von Kriegslust und angeblicher Philosophie die Teilnahme der Jugend unter dem vornehmeren französischen Adel daran herkam. »Die Freiheit«, sagt Sigur, «stellte sich uns dar mit den Reizen des Ruhmes. Während die Reiferen die Gelegenheit wahrnahmen, ihre Grundsätze geltend zu machen und die willkürliche Gewalt zu beschränken, traten wir Jüngeren nur darum unter die Fahnen der Philosophie, um Krieg zu führen, um uns auszuzeichnen, um Ehrenstellen zu erwerben; aus ritterlicher Gesinnung wurden wir Philosophen.« Diese Jüngeren wurden das doch allmählich sehr im Ernst. Sonderbare Mischung. Indem sie England angriffen und ihren Ehrgeiz sein ließen, es zu schwächen, es seiner Kolonien zu berauben, war es doch besonders die Unabhängigkeit eines englischen Peers, die würdige Stellung eines Mitgliedes des Hauses der Gemeinen, was sie zu erlangen gewünscht hätten.

Dieser amerikanische Krieg wurde nun entscheidend; nicht so sehr durch eine Veränderung der allgemeinen Machtverhältnisse – denn wenn man die englischen Kolonien von dem Mutterlande losriß, so zeigte sich doch bald, daß dieses in sich selber so wohlbegründet war, um das nicht sehr zu empfinden, wenn sich die französische Marine wieder zu einem gewissen Ansehen erhob, so hatte England doch in den entscheidenden Schlachten den Sieg davongetragen und die Übermacht über seine vereinigten Nebenbuhler behauptet – als durch die indirekten Wirkungen, die er hervorbrachte.

Ich meine nicht allein das Emporkommen der republikanischen Neigungen, es gab noch eine unmittelbarere Folge. Mit großem Ernste hatte sich Turgot dem Kriege widersetzt; nur in dem Frieden hoffte er die Finanzen, welche schon damals ein Defizit drückte, durch eine sparsame Haushaltung herzustellen und zugleich die erforderlichen Reformen durchzusetzen. Allein er hatte dem Strome der jugendlichen Begeisterung weichen müssen. Der Krieg war erklärt und mit überschwenglichen Kosten geführt worden. Necker hatte mit dem ganzen Talent eines Bankiers, das er in so hohem Grade besaß, neue Anleihen zu machen gewußt. Je höher sie aber aufliefen, desto mehr mußten sie das Defizit steigern. Schon im Jahre 1780 erklärte Vergennes dem König, der Zustand der Finanzen sei wahrhaft beunruhigend; er mache den Frieden, einen unverweilten Frieden notwendig. Indessen verzögerte sich der Friede noch, und erst nach Abschluß desselben ward man die Verwirrung recht inne. Man nimmt auch hier einen auffallenden Gegensatz wahr. Nicht minder erschöpft und mit Schulden beladen ging England aus dem amerikanischen Kriege hervor. Aber während Pitt in England das Übel an der Wurzel angriff und das Vertrauen durch große Maßregeln wiederherstellte, gerieten die französischen Finanzen aus schwachen Händen in immer schwächere, unversuchtere und zugleich keckere, so daß das Übel von Monat zu Monat stieg und die Regierung wie in ihrer Konsistenz bedrohte, so um ihr ganzes Ansehen brachte.

Wie sehr wirkte dies auf die auswärtigen Verhältnisse zurück! Man hatte keine Wahl mehr; um jeden Preis mußte man den Krieg vermeiden. Lieber kaufte man z. B. die Forderungen, welche Österreich an Holland machte, durch eine Summe ab, zu der man trotz der schlechten Umstände, in denen man war, selber die Hälfte beitrug; wäre es auf Frankreich allein angekommen, so würde der Kaiser nicht gehindert worden sein, seine Absichten auf Bayern durchzusetzen. So enge sich die französische Regierung mit den sogenannten Patrioten von Holland vereinigt hatte, so mußte sie dieselben ruhig von Preußen überziehen, überwinden lassen. Sie kann darüber meines Erachtens nicht einmal sehr getadelt werden. Was wollte sie in dem Juli 1787, als die preußische Erklärung gegen Holland erschien, unternehmen, um die Ausführung derselben zu verhindern, da eben damals die Parlamente sich weigerten, die neuen Auflagen zu registrieren, ohne die man den Staat nicht weiter verwalten konnte, da bald darauf in jener berühmten Sitzung am 15. August die Grandchambre ihre Türen eröffnen ließ und der versammelten Menge erklärte, der König könne in Zukunft keine neuen Auflagen erheben, ohne zuvor die allgemeinen Stände zusammenberufen zu haben? In einem Augenblick, wo der ganze bisherige innere Zustand in Frage gestellt wurde, konnte man schwerlich Einfluß auf das Ausland ausüben. Und doch war dies ein sehr bedeutender Zeitpunkt. Eben damals entschlossen sich die beiden Kaiserhöfe zu ihrem Angriff auf die Türkei. Die Franzosen waren nicht imstande, ihren alten Verbündeten Hilfe zu leisten, und wenn diese nicht untergehen wollten, so mußten sie Hilfe bei England und Preußen nachsuchen.

Allerdings eine Unbedeutendheit, Nichtigkeit der auswärtigen Politik von Frankreich, die weder den natürlichen Ansprüchen dieses Landes angemessen war, noch auch den Interessen von

Europa überhaupt entsprach. Kam sie, wie nicht zu leugnen, von der inneren Verwirrung her, so wurde diese hinwiederum dadurch außerordentlich vermehrt. Die Politik des Erzbischofs von Brienne erfuhr den heftigsten und allgemeinsten Tadel. Er ward der Feigheit und selbst der Treulosigkeit angeklagt, weil er Holland nicht unterstützt und diese Gelegenheit, den militärischen Ruf der Franzosen auch zu Lande wiederherzustellen, versäumt habe, man fand die französische Ehre hierdurch auf eine Weise beschimpft, daß sie nur durch Ströme von Blut wieder rein gewaschen werden könne.

Wie übertrieben das nun auch lautet, so kann man doch das Gefühl nicht tadeln, das dieser Unzufriedenheit zugrunde lag. Das Nationalbewußtsein eines großen Volkes fordert eine angemessene Stellung in Europa. Die auswärtigen Verhältnisse bilden ein Reich nicht der Konvenienz, sondern der wesentlichen Macht, und das Ansehen eines Staates wird immer dem Grade entsprechen, auf welchem die Entwickelung seiner inneren Kräfte steht. Eine jede Nation wird es empfinden, wenn sie sich nicht an der ihr gebührenden Stelle erblickt, wie viel mehr die französische, die so oft den sonderbaren Anspruch erhoben hat, vorzugsweise die große Nation zu sein!

Ich will nicht auf die Mannigfaltigkeit der Ursachen eingehen, durch welche es zu der furchtbaren Entwickelung der Französischen Revolution kam. Ich will nur in Erinnerung bringen, daß der Verfall der auswärtigen Verhältnisse vielen Anteil daran hatte. Man braucht nur daran zu denken, welche Rolle eine österreichische Prinzessin, die unglückliche Königin, auf die der ganze Haß fiel, den diese Nation seit so langer Zeit dem Hause Österreich gewidmet hatte, dabei spielte, welche unseligen Auftritte das Trugbild eines österreichischen Ausschusses veranlaßt hat. Nicht genug, daß die Franzosen sahen, sie hätten den alten Einfluß auf die Nachbarn verloren; sie überredeten sich sogar, daß das Ausland geheimen und starken Einfluß auf ihren Staat ausübe; in allen Maßregeln der inneren Verwaltung glaubten sie denselben wahrzunehmen; eben dies entstammte dann die allgemeine Entrüstung, die Gärung und Wut der Menge.

Halten wir an diesem Gesichtspunkt der auswärtigen Verhältnisse fest, so können wir von der Revolution folgende Ansicht fassen.

Allenthalben hatte man, um zur Ausbildung einer größeren Macht zu gelangen, die nationalen Kräfte auf eine ungewohnte Weise zusammengenommen; dazu hatte man viele Hindernisse, die in den inneren Verhältnissen lagen, wegräumen müssen und nicht selten die alten Berechtigungen angetastet; es war dies in den verschiedenen Ländern bald mit mehr, bald mit weniger Bedacht und Erfolg geschehen. Ein sehr unterrichtendes, lebensvolles Buch müßte es geben, wenn man darzustellen wüßte, wie dies allenthalben versucht wurde, mehr oder minder gelang, wohin es führte, endlich unternahm man es auch in Frankreich. Es ist so viel auf die absolute Gewalt früherer französischer Könige gescholten worden; die Wahrheit ist, daß sich dieselbe zwar noch in einigen Willkürlichkeiten äußerte, in der Hauptsache dagegen ungemein verfallen war. Als die Regierung jenen Versuch machte, war sie schon zu schwach, um ihn durchzusetzen, sie machte ihn auch mit unsicheren Händen; den Widerstand der privilegierten Stände vermochte sie nicht zu besiegen, hierüber rief sie den dritten Stand – die Gewalt der demokratischen Ideen, die sich schon der öffentlichen Meinung zu bemächtigen angefangen – zu Hilfe. Ein Bundesgenosse aber, der ihr bei weitem zu stark war. Indem sie schwankte, sowie sie seine Kräfte erkannte, die Bahn verließ, die sie eingeschlagen, zu denen zurücktrat, welche sie angreifen wollte, eben die beleidigte, die sie zu Hilfe gerufen hatte, forderte sie alle politischen Leidenschaften heraus, setzte sie sich mit den Überzeugungen und der Richtung des Jahrhunderts, ja mit ihrer eigenen Tendenz in Kampf und brachte eine Bewegung hervor, in welcher der dritte Stand, oder vielmehr das in demselben und um ihn her entwickelte Element der Empörung, in gigantischem Fortschritt nicht allein die privilegierten Stände, die Aristokratie, sondern König und Thron selber umstürzte und den ganzen alten Staat vernichtete.

Ein Unternehmen, wie es zwar keineswegs alle, aber doch einige andere Regierungen verstärkt und befestigt hatte, riß dergestalt durch die Entwickelung, die es nahm, durch die Folgen, die es hatte, die französische in ihr Verderben.

Nur wenn man hier und da glaubte, daß in diesem großen Ruin die Macht und äußere Bedeutung von Frankreich vollends zugrunde gehen müßten, hatte man sich geirrt. So stark waren die Tendenzen zur Herstellung der alten Macht, daß sie selbst unter so furchtbaren Umständen nicht allein nicht aus den Augen verloren, sondern auf eine Weise, wie sie noch nie dagewesen, über die Analogie anderer Staaten weit hinaus durchgesetzt wurden. Waren anderwärts die bestehenden mittleren Gewalten ln ihrer Unabhängigkeit beschränkt, zu größerem Anteil an den allgemeinen Anstrengungen genötigt worden, so wurden sie hier geradezu vernichtet. Adel und Geistlichkeit wurden nicht allein ihrer Vorrechte, sondern im Laufe der Ereignisse selbst ihrer Besitztümer beraubt; welch eine Konfiskation im größten Stil, in der ungeheuerlichsten Ausdehnung! Wie kehrten sich die Ideen, die Europa als heilbringend, menschlich befreiend begrüßt hatte, vor seinen Augen plötzlich in den Greuel der Verwüstung um! Das vulkanische Feuer, von dem man eine nährende, belebende Erwärmung des Bodens erwartet hatte, ergoß sich ln furchtbaren Ausbrüchen über denselben hin. Mitten in dieser Zertrümmerung aber ließen die Franzosen das Prinzip der Einheit doch niemals fallen. Um wie viel mächtiger als bisher erschien eben in der Verwirrung der Revolutionsjahre Frankreich den europäischen Staaten gegenüber! Man kann sagen: jene gewaltige Explosion aller Kräfte setzte sich nach außen fort. Zwischen dem alten und dem neuen Frankreich war dasselbe Verhältnis, wie zwischen der zwar lebhaften und von Natur tapferen, aber an das Hofleben gewöhnten, mit einem oft kleinlichen Ehrgeiz behafteten, feinen, wollüstigen Aristokratie, die den alten Staat leitete, und den wilden, gewaltsamen, von wenig Gedanken berauschten, blutbefleckten Jakobinern, die den neuen beherrschten. Da vermöge des bisherigen Ganges der Dinge zwar nicht eine ganz gleiche Aristokratie wie jene, aber doch eine ähnliche an der Spitze der übrigen Staaten stand, so war es kein Wunder, wenn die Jakobiner in jener wilden Anspannung aller Kräfte das Übergewicht an sich brachten. Es bedurfte nur des ersten, durch ein Zusammentreffen unerwarteter Umstände davongetragenen Sieges, um den revolutionären Enthusiasmus zu erwecken, der hierauf die Nation ergriff und eine Zeitlang das Prinzip ihres Lebens wurde.

Nun kann man zwar nicht sagen, daß Frankreich hierdurch an und für sich stärker geworden sei, als die übrigen großen Mächte zusammengenommen oder auch nur als seine nächsten Nachbarn, wenn sie sich vereinigt hielten. Man kennt hinlänglich die Fehler der Politik und der Kriegführung, die einen für diese so ungünstigen Erfolg hervorbrachten. Sie konnten sich ihrer bisherigen Eifersucht nicht sogleich entwöhnen. Selbst die einseitige Koalition von 1799 hatte Italien zu befreien und eine sehr gewaltige militärische Stellung einzunehmen gewußt, als ein unglücklicher Zwiespalt sie trennte. Allein geleugnet werden kann es nicht, daß der französische Staat, mitten im Kampfe mit Europa gebildet, auf denselben berechnet, durch die Zentralisation aller Kräfte, die er möglich machte, den einzelnen Kontinentalmächten überlegen wurde. Indem es immer das Ansehen gehabt, als suche man dort die Freiheit, war man von Revolution zu Revolution Schritt für Schritt zu dem Militärdespotismus gelangt, der die Ausbildung der anderweiten militärischen Systeme, so groß sie auch waren, weit überbot. Der glückliche General setzte sich die Kaiserkrone auf; alle disponiblen Kräfte der Nation hatte er jeden Augenblick ins Feld zu werfen die Macht. Auf diesem Wege kehrte dann Frankreich zu seinem Übergewichte zurück. Es gelang ihm, England von dem Kontinent auszuschließen, in wiederholten Kriegen Österreich seiner ältesten Provinzen in Deutschland und Italien zu berauben, das Heer und die Monarchie Friedrichs II. umzuwerfen, Rußland selbst zur Fügsamkeit zu nötigen und endlich in die inneren Provinzen bis zu der alten Hauptstadt desselben vorzudringen. Für den französischen Kaiser bedurfte es nur des Kampfes mit diesen Mächten, um zugleich über das südliche und mittlere Europa, einen großen Teil von Deutschland nicht ausgeschlossen, eine unmittelbare Herrschaft zu gründen. Wie war hierdurch alles, was zu Ludwigs XIV. Zeiten geschehen, so weit übertroffen! Wie war die alte Freiheit von Europa so tief gebeugt! Europa schien in Frankreich untergehen zu wollen. Jene Universalmonarchie, von der man sonst nur die entfernte Gefahr gesehen, war beinahe realisiert!

Wiederherstellung

Sollten aber die energischen Gewalten, welche in den großen Mächten hervorgetreten waren, so mit einem Mal erstickt und vernichtet sein?

Der Krieg, sagt Heraklit, ist der Vater der Dinge. Aus dem Zusammentreffen entgegengesetzter Kräfte, in den großen Momenten der Gefahr – Unglück, Erhebung, Rettung – gehen die neuen Entwickelungen am entschiedensten hervor.

Frankreich war nur dadurch zu seiner Übermacht gelangt, daß es mitten in seiner wilden Bewegung das Gemeingefühl der Nation lebhafter als je zu erhalten, die nationalen Kräfte in einer so ungemeinen Ausdehnung zu dem einzigen Zweck des Krieges anzustrengen gewußt hatte.

Wollte man ihm widerstehen oder je diese Übermacht noch einmal zu brechen die Hoffnung fassen dürfen, so war da nicht mit Mitteln auszureichen, wie sie bisher genügt hatten, selbst eine Verbesserung der Militärverfassung allein hätte noch nicht geholfen; es gehörte eine gründlichere Erneuerung dazu, um alle Kräfte zusammenzunehmen, in deren Besitz man sein mochte, man mußte sich entschließen, jene schlummernden Geister der Nationen, von denen bisher das Leben mehr unbewußt getragen worden, zu selbstbewußter Tätigkeit aufzuwecken.

Es müßte eine herrliche Arbeit sein, dieser Verjüngung des nationalen Geistes in dem ganzen Umfange der europäischen Völker und Staaten nachzuforschen, die Ereignisse zu bemerken, die ihn wieder erweckten, die Zeichen, die seine erste Erhebung ankündigten, die Mannigfaltigkeit der Bewegungen und Institutionen, in denen er sich allenthalben aussprach, die Taten endlich, in denen er siegreich hervortrat. Doch ist dies ein so weit aussehendes Unternehmen, daß wir es hier auch nicht einmal berühren könnten.

Gewiß ist, daß man erst dann mit einiger Aussicht auf Erfolg zu streiten anfing – 1809 –, als man hierin der Forderung des Weltgeschickes ein Genüge zu leisten begann. Als in wohlgeordneten Reichen ganze Einwohnerschaften ihre althergebrachten Wohnsitze, an die sie selbst die Religion knüpfte, verließen und sie den Flammen preisgaben, – als große Bevölkerungen, von jeher an ein friedlich bürgerliches Leben gewöhnt, Mann bei Mann zu den Waffen griffen, – als man zugleich des ererbten Haders endlich wirklich vergaß und sich ernstlich vereinigte, – erst da, nicht eher gelang es, den Feind zu schlagen, die alte Freiheit herzustellen und Frankreich in seine Grenzen einzuschließen, den übergetretenen Strom in sein Bette zurückzutreiben.

Wenn es das Ereignis der letzten hundert Jahre vor der Französischen Revolution war, daß die großen Staaten sich erhoben, um die Unabhängigkeit von Europa zu verfechten, so ist es das Ereignis der seitdem verflossenen Periode, daß die Nationalitäten selbst sich verjüngt, erfrischt und neu entwickelt haben. Sie sind in den Staat mit dem Bewußtsein eingetreten, er würde ohne sie nicht bestehen können.

Man ist fast allgemein der Ansicht, unsere Zeit habe nur die Tendenz, die Kraft der Auflösung. Ihre Bedeutung sei eben nur, daß sie den zusammenhaltenden, fesselnden Institutionen, die aus dem Mittelalter übrig, ein Ende mache; dahin schreite sie mit der Sicherheit eines eingepflanzten Triebes vorwärts; das sei das Resultat aller großen Ereignisse, Entdeckungen, der gesamten Kultur, ebendaher komme aber auch die unwiderstehliche Hinneigung, die sie zu demokratischen Ideen und Einrichtungen entwickele; und diese bringe dann alle die großen Veränderungen, deren Zeuge wir sind, mit Notwendigkeit hervor. Es sei eine allgemeine Bewegung, in der Frankreich den anderen Ländern vorangehe. Eine Meinung, die freilich nur zu den traurigsten Aussichten führen kann. Wir denken indes, daß sie sich gegen die Wahrheit der Tatsachen nicht zu halten vermögen wird.

Weit entfernt, sich bloß in Verneinungen zu gefallen, hat unser Jahrhundert die positivsten Ergebnisse hervorgebracht, es hat eine große Befreiung vollzogen, aber nicht so durchaus im Sinne der Auflösung; vielmehr diente ihr dieselbe, aufzubauen, zusammenzuhalten. Nicht genug, daß es die großen Mächte allererst ins Leben gerufen; es hat auch das Prinzip aller Staaten, Religion und Recht, es hat das Prinzip eines jeden insbesondere lebendig erneuert.

Eben darin liegt das Charakteristische unserer Tage.

In den meisten Epochen der Welthistorie sind es religiöse Verbindungen gewesen, was die Völker zusammengehalten hat. Doch hat es zuweilen auch andere gegeben, die man mit der unseren eher vergleichen kann, in denen mehrere größere, durch ein politisches System verknüpfte Königreiche und freie Staaten nebeneinander bestanden. Ich will nur die Periode der mazedonisch-griechischen Königreiche nach Alexander erwähnen. Sie bietet manche Ähnlichkeit mit der unsrigen dar: eine sehr weit gediehene gemeinschaftliche Kultur, militärische Ausbildung, Wirkung und Gegenwirkung verwickelter auswärtiger Verhältnisse; große Bedeutung der Handelsinteressen, der Finanzen, Wetteifer der Industrie, Blüte der exakten, mit der Mathematik zusammenhängenden Wissenschaften. Allein jene Staaten, hervorgegangen aus der Unternehmung eines Eroberers und der Entzweiung seiner Nachfolger, hatten keine besonderen Prinzipien ihres Daseins weder gehabt noch sich anzubilden vermocht. Auf Soldaten und Geld beruhten sie. Eben darum wurden sie auch so bald aufgelöst, verschwanden sie zuletzt völlig. Man hat oft gefragt, wie Rom sie so rasch, so vollkommen bezwingen konnte. Es geschah darum, weil Rom, wenigstens solange es Feinde von Bedeutung hatte, mit bewunderungswürdiger Strenge an seinem Prinzipe festhielt. Auch bei uns schien es wohl, als sei nur noch der Umfang der Besitzungen, die Macht der Truppen, die Größe des Schatzes und ein gewisser Anteil an der allgemeinen Kultur für den Staat von Wert. Wenn es je Ereignisse gegeben hat, geeignet, einen solchen Irrtum zu zertrümmern, so sind es die Ereignisse unserer Zeit gewesen. Sie haben die Bedeutung der moralischen Kraft, der Nationalität für den Staat endlich einmal wieder zur Anschauung in das allgemeine Bewußtsein gebracht. Was wäre aus unseren Staaten geworden, hätten sie nicht neues Leben aus dem nationalen Prinzip, auf das sie gegründet waren, empfangen. Es wird sich keiner überreden, er könne ohne dasselbe bestehen.

Nicht ein solch zufälliges Durcheinanderstürmen, Übereinanderherfallen, Nacheinanderfolgen der Staaten und Völker bietet die Weltgeschichte dar, wie es beim ersten Blicke wohl aussieht. Auch ist die oft so zweifelhafte Förderung der Kultur nicht ihr einziger Inhalt. Es sind Kräfte, und zwar geistige, Leben hervorbringende, schöpferische Kräfte, selber Leben, es sind moralische Energien, die wir in ihrer Entwickelung erblicken. Zu definieren, unter Abstraktionen zu bringen sind sie nicht; aber anschauen, wahrnehmen kann man sie; ein Mitgefühl ihres Daseins kann man sich erzeugen. Sie blühen auf, nehmen die Welt ein, treten heraus in dem mannigfaltigsten Ausdruck, bestreiten, beschränken, überwältigen einander; in ihrer Wechselwirkung und Aufeinanderfolge, in ihrem Leben, ihrem Vergehen oder ihrer Wiederbelebung, die dann immer größere Fülle, höhere Bedeutung, weiteren Umfang in sich schließt, liegt das Geheimnis der Weltgeschichte.

Schlußworte nach dem Texte der Historisch-politischen Zeitschrift 2. Band, 1833

Sind wir nun von einer geistigen Gewalt angegriffen, so müssen wir ihr geistige Kräfte entgegensetzen. Dem Übergewichte, das eine andere Nation über uns zu bekommen droht, können wir nur durch die Entwickelung unsrer eigenen Nationalität begegnen. Ich meine nicht einer erdachten, chimärischen, sondern der wesentlichen, vorhandenen, in dem Staate ausgesprochenen Nationalität.

Wie aber, wird man mir erwidern, ist nicht die Welt gerade in der Ausbildung einer immer engern Gemeinschaft begriffen? Würde nicht diese Richtung, die sie genommen, durch den Gegensatz der Völker und Volkstümlichkeiten, der Staaten und ihrer Prinzipien gehindert, eingeengt werden?

Es verhält sich damit, wenn ich mich nicht täusche, wie mit der Literatur. Nicht damals hat man von einer Weltliteratur geredet, als die französische Europa beherrschte; erst seitdem ist diese Idee gefaßt, ausgesprochen und verbreitet worden, seit die meisten Hauptvölker von Europa ihre eigene Literatur selbständig und oft genug im Gegensatz miteinander entwickelt haben. Ist es mir erlaubt, ein kleines Verhältnis mit den großen zu vergleichen, so möchte ich daran erinnern, daß nicht diejenige Gesellschaft Genuß und Förderung gewährt, wo einer das Wort führt und die Unterhaltung leitet, noch auch die, wo alle auf gleicher Stufe oder, wenn man will, in gleicher Mittelmäßigkeit nur immer dasselbe sagen. Da erst fühlt man sich wohl, wo sich mannigfaltige Eigentümlichkeiten, in sich selber rein ausgebildet, in einem höhern Gemeinsamen begegnen, ja wo sie dies, indem sie einander lebendig berühren und ergänzen, in dem Momente hervorbringen. Es würde nur eine leidige Langeweile geben, wenn die verschiedenen Literaturen ihre Eigentümlichkeit vermischen, verschmelzen sollten. Nein! die Verbindung aller beruht auf der Selbständigkeit einer jeden. Auf das lebendigste und immerfort können sie einander berühren, ohne daß doch eine die andere übermeistere und ln ihrem Wesen beeinträchtige.

Nicht anders verhält es sich mit den Staaten, den Nationen. Entschiedenes positives Vorwalten einer einzigen würde den andern zum Verderben gereichen. Eine Vermischung aller würde das Wesen einer jeden vernichten. Aus Sonderung und reiner Ausbildung wird die wahre Harmonie hervorgehen.

Frankreich und Deutschland

(1832)

Der Aufgabe, die Revolution in ihrem Wesen, in ihrer eigentümlich französischen Natur aufzufassen, steht eine andere zur Seite, ihre Wirkung auf Europa wahrzunehmen.

Ich meine nicht allein jene Wirkung, welche, durch Kriegstaten und Friedensschlüsse hervorgebracht, sich in Veränderungen der Gebiete zeigt. Auch wenn man alle Schlachten und alle Bewegungen der Diplomatie und all dies Hin- und Wiederwogen der streitenden Kräfte von Moment zu Moment verfolgt hat, so könnte sich finden, daß man die eigentlich politische Frage, auf die es dem gegenwärtigen Augenblick vor allem ankommt, nicht allein nicht erledigt, sondern kaum berührt hätte.

Die Frage ist, welchen innern Zustand der europäischen Länder die Revolution fand, wie sie auf ihn einwirkte und ihn abänderte, welche Rückwirkungen hierauf im Gefolge der Ereignisse eingetreten sind. Nicht in ein paar allgemeinen Gedanken, sondern in diesem unvermeidlichen Wechsel sehr bestimmter Zustände liegt alles, was es in unserer Lage Peinliches oder Zufriedenstellendes geben mag, liegen alle unsre Hoffnungen und Gefahren.

Ich wollte, es wäre mir gelungen, die individuelle Physiognomie der Restauration in Frankreich wenigstens einigermaßen vor Augen zu legen. Man würde, denk' ich, durch das unmittelbare Selbstgefühl überzeugt sein, daß wir mit dem rein französischen Kampfe, in welchem man dort begriffen ist, mit dem eigentlichen Inhalt jener Bewegungen wenig gemein haben.

Allerdings haben Revolution und Restauration in ganz Europa, sie haben auch bei uns Analogien gehabt; allein es fehlt viel, daß sie sich in irgendeinem Lande, daß sie sich bei uns in ihrem Wesen wiederholt hätten.

Als die Revolution zu erobern anfing, hatte sie bereits die Stadien ihrer großen Gärung vollendet; sie hatte das alte Frankreich bereits von oberst zu unterst gekehrt und ein neues gegründet; sie bedurfte wieder der Ordnung. Wo sie erschien, zerstörte sie zwar unerbittlich die alten Formen; aber die Elemente des Vorhandenen konnte sie nicht so völlig zersetzen, wie in Frankreich: sie mußte sie schonen, um sie sich sofort dienstbar zu machen.

Italien hat mehr mit Frankreich gemein, als so leicht ein anderes Land; es ist romanisch, katholisch, zum Teil von Bourbonen regiert und denn auch am längsten in den Händen der Eroberer gewesen; italienische Bildung und Literatur hängt schon durch die Sprache mit der französischen genau zusammen. Bei alledem – hat es wohl die Revolution vermocht, Italien in den wesentlichsten Momenten dem Zustande von Frankreich gleichzumachen? Man vergleiche nur jene sechzehn Millionen Quoten der Grundsteuer, die in Frankreich bezahlt werden, mit der Anzahl der Besitzer in Italien! Diese unveränderlichen Stadt-Aristokratien von Italien, die sich von Jahrhundert zu Jahrhundert unwandelbar vererbt haben, sie bestehen noch; sie besitzen das Land noch heute. Es gibt daselbst eine Aufregung; allein ein Irrtum wäre, zu glauben, die Worte, deren man sich dort bedient, hätten die nämliche Bedeutung, wie in Frankreich: die Aufregung ist in der Aristokratie. Wenn ich nicht irre, so kommt sie hauptsächlich daher, weil einige von den gegenwärtigen Regierungen das Geheimnis nicht gefunden haben, die Landbesitzer in ihre Interessen zu ziehen, ein Geheimnis, das die früheren recht gut verstanden. Und sollte es nun der Revolution wohl gelungen sein, die deutschen Dinge den französischen gleichzumachen?

Es ist auch bei uns eine große Veränderung vorgegangen; allein mit der kann sie nicht verglichen werden, welche in Frankreich eingetreten ist. Jene völlige Umwälzung des Besitzes und des Rechtes, jene Schöpfung einer neuen Nation und eines neuen Daseins, jene vollkommene Lossagung von aller Vergangenheit, die in Frankreich stattgefunden, bei uns ist sie nicht wiederholt worden. Wo wäre vollends in protestantischen Ländern jener Haß wider den Klerus, der einen so hauptsächlichen Grundbestandteil der französischen Bewegungen bildet? Wo wäre der Gegensatz eines alten und eines neuen Adels? Eines zwischen der alten und einer neuen Generation streitigen Besitzes? Wo wären bei uns zwei so entschieden, zwei durch so blutige Vorgänge entzweite Parteien, ja Bevölkerungen? Wo hätte man endlich die alte Treue so ganz verleugnet und die Bande, welche ein fürstliches Geschlecht mit seiner Landschaft verknüpfen, so völlig in den Staub getreten und dem Hasse, der Verhöhnung preisgegeben?

Nein! so weit ist es nicht gekommen, – damals, als die Revolution auf uns einwirkte. Ebensowenig hat auch die Restauration eine Wiederholung in Deutschland gefunden.

Es ist wahr, es sind auch bei uns einige verjagte Fürsten aus der Verbannung zurückgekommen; aber welch ein Unterschied! Nicht von ihrem Volke waren sie verjagt worden, sondern von den verhaßten Fremden. Jenes Gefühl der Nationalunabhängigkeit, welches die Franzosen in der Herstellung der Bourbonen verletzt zu sehen geglaubt haben, es kam den deutschen Fürsten zu Hilfe: es rief sie herbei; es war befriedigt, als man dieselben in den Schlössern ihrer Hauptstädte wieder Platz nehmen sah. Gewiß! diese Fürsten haben, eben weil sie entfernt gewesen waren, besondere Schwierigkeiten vorgefunden; allein mit der Aufgabe der Bourbonen läßt sich die ihre nicht vergleichen; auch waren ihrer nur wenige. Will man wissen, was eine Restauration in Deutschland gewesen sein würde? Wofern man daran gedacht hätte, das Kaisertum wiederherzustellen, Kurfürstentümer, bischöfliche Sitze, alle die alten Unmittelbarkeiten und das gesamte Gerüst des Römischen Reiches Deutscher Nation wiederaufzurichten, wofern eine solche Erneuerung des alten mit allem, was seitdem in Widerspruch mit demselben zum Leben gekommen war, in Kampf gesetzt worden wäre, dann würde von einer Ähnlichkeit die Rede sein können. Auch dann selbst wäre sie nicht einmal vollkommen. Es hätte erst dazu gehört, daß jene Institute wahrhaft eingreifend, wirksam, herrschend gewesen wären, und daß sie zu einer ähnlichen Macht wieder hätten erhoben werden sollen. Allein man bekenne: sie waren bereits abgestorben, sie waren reif zum Tode; wenn man sie an einigen Orten vermißt, so wünscht man sie nicht zurück, wie sie waren, sondern wie sie hätten sein sollen.

Was uns demnach von den Franzosen unterscheidet, es ist zwar – man weiß es – ohne Zweifel auch jener von Grund aus verschiedene Nationalcharakter, der ganz andere Bedürfnisse hat, ganz andere Gesichtspunkte verfolgt; doch ist er es lange nicht allein: die Lage der Dinge ist eine andere. Revolution und Restauration haben auch uns betroffen: doch hat uns jene nicht so vollkommen verändert, sie ist entfernt davon gewesen, eine neue Generation zu bilden: diese aber hat das Alte bei weitem nicht wieder auferweckt.

Käme es darauf an, das Unterscheidende, was diese Ereignisse in Deutschland gehabt haben, in der Kürze mit einem Worte zu bezeichnen, so ließe sich sagen: »Die Neuerung ist im Bunde mit den Fürsten vollbracht worden.« Durch ebendieselbe Veränderung, welche den inneren Zustand der Länder zwar nicht wie in Frankreich umgewälzt, aber doch so wesentlich anders gestaltet hat, sind die Fürsten zu der Macht gekommen, die sie jetzt haben. Man betrachte einmal das Schicksal der geistlichen Güter. In dem katholischen Deutschland sind sie nicht viel anders in den Privatbesitz übergegangen, als in Frankreich: der Unterschied ist nicht groß. Aber wenn dort die Bourbonen ein Interesse dabei hatten, den Klerus in sein altes Eigentum wieder herzustellen – denn in den Fall der Geistlichkeit waren sie selber verwickelt gewesen – so beruht dagegen die Macht unsrer deutschen Staaten, unsrer deutschen Fürsten zum guten Teil auf den nämlichen Säkularisationen; und wollten sie sich den Grundsätzen, auf denen diese beruhen, widersetzen, so würden sie gegen die Bedingungen ihres eigenen Daseins streiten. Die Bestrebungen jener Jahre, ich will sie nicht loben, ich will sie nicht tadeln; aber einmal waren sie nichts Neues: – Kaiser Joseph hatte auf eine ganz ähnliche Weise reformiert, und noch vor der Revolution hat ein namhafter deutscher Publizist die Einziehung sämtlicher geistlicher Güter empfohlen; – sodann waren sie nicht freiwillig: das Bedürfnis war da, die Bewegung ist nicht willkürlich hervorgerufen worden. Als das alte deutsche Reich mit dem revolutionierten Frankreich zusammenstieß – ein irdenes Gefäß mit dem eisernen –, fiel es in Trümmer. Da hat freilich der deutsche Adel die größten Verluste erlitten: er war es doch, dem auch die Stifte zugute kamen; allein sollte er wohl mit Recht andere anklagen? Wenn sein Dasein an dem Bestehen des Reiches hing, wenn er so große Vorteile von demselben genoß, warum setzte er nicht Gut und Blut ein, um es zu retten? Und wie? Wofern er nicht bei den Fürsten einen Rückhalt gefunden hätte, wie wollte er den Leidenschaften der Revolution, die am Ende auch diesseits des Rheins aufzuwecken waren, gegenüber auch nur sein Lehen, sein Allodium, sein persönliches Dasein

gerettet haben? Allerdings verlor er nun seine Unmittelbarkeit; aber was will eine Unabhängigkeit sagen, die sich nicht selber verteidigen kann? Es war ein Krieg, man ward geschlagen; es
war ein Sturm, man litt Schiffbruch: rette sich, wer es vermag! Glücklicherweise war das Reich
nicht die Nation: die lebenden Kräfte derselben hatten sich jenem schon lange entzogen; sie
schlossen augenblicklich zu den neuen Fürstentümern zusammen: in diese retteten sie sich vor
der unmittelbaren Herrschaft der Fremden. Es war das Interesse der Fürsten, die doch lange
nach der Unabhängigkeit gestrebt hatten, welche sie nunmehr erwarben, es war das Interesse
der Gemeinden, welche zu einigen wesentlichen Verbesserungen ihrer Zustände gelangten, es
war am Ende auch das Interesse des Adels; denn es gab keinen andern Ausweg.

Allerdings litt man hiebei acht bis zwölf schwere Jahre lang von dem Einfluß der Fremden,
und auch in dem Innern machte sich derselbe hie und da fühlbar. Jedoch nicht überall. Es
gab einen deutschen Staat, der zwar, so mächtig und groß er auch war, demohnerachtet – denn
in seinen alten Formen trug er etwas in sich, was ihm den Sieg aus den Händen riß in den
allgemeinen Ruin verwickelt worden, der aber glücklicherweise nicht ganz zugrunde gerichtet
noch aufgelöst wurde, noch auch so völlig in Abhängigkeit geriet. Vielmehr blieb er selbständig
und sein eigen genug, um in diesem äußersten Unglück, in der unaufhörlichen Gefahr, in der er
sich befand, die sich selber regenerierende Kraft eines jugendlichen Daseins zu entwickeln. Im
Gegensatz gegen die Fremden griff er zur Neuerung. Man bemerke wohl, daß dieselbe nicht von
der Theorie oder der Nachahmung, sondern von dem unabweislichen Bedürfnis und dem entschlossenen Willen, ihm zu entsprechen, in einigen einzelnen Zweigen ohne Zweifel von dem
Wurfe des glücklichen Genius ausging. Es sei, daß dieselbe, wie alles Menschliche, auch eine
Schattenseite hatte; sie konnte nicht allen Interessen gleich angenehm sein; aber man bekenne:
sie war nun einmal nicht zu vermeiden; von den Umständen ward sie gebieterisch gefordert,
und sie trug ihr eigenes Korrektiv in sich. Sie gründete sich auf den gesetzmäßigen Willen des
Fürsten, der kein anderes Interesse hatte, als das Interesse des Ganzen und der Nation.

So ist die Veränderung, welche der Revolution entspricht, in Deutschland geschehen; sie
ist nicht durch einen Ausbruch der in sich selber gärenden Elemente, sondern durch die aus
dem Erfolg hervorgehende Untauglichkeit der früheren Institutionen hervorgerufen worden;
sie ist, und dies ist die Hauptsache, nicht, wie in Frankreich, im Widerspruch mit den Fürsten
vollzogen worden, sondern unter ihrer Leitung, in ihrem Vorteil.

Und was war nun, im großen und im ganzen angesehen, unsere Restauration? Sie bestand
darin, daß man die Fremden verjagte. Die neuen Königreiche blieben, und wenn ihnen die Umstände eine besondere Aufgabe machten, so war es vor allen, sich dessen zu entledigen, nicht,
was im Drange der Umstände notwendig verändert, sondern was durch den unmittelbaren Einfluß von Frankreich hervorgebracht worden war. Das Alte eigentlich herzustellen, durch dessen
Zertrümmerung sie stark geworden, wie hätte es ihnen beikommen können? Mächtig trat die
preußische Monarchie wieder hervor; allein mit demjenigen, was wesentlich erneuert worden,
hätte sie am wenigsten sich in Widerspruch gesetzt; sie war selber erneuert und verjüngt; sie
war sich der Entwicklung, in der sie stand, der Aufgabe, die sie hatte, wohlbewußt; selbst die
Grundsätze ihrer auswärtigen Politik waren verändert.

Man verkenne nicht mutwillig, wieviel wir durch unsre angestammten Fürsten vor den Franzosen, ja vor allen Nationen der Welt voraus haben. Nur in zwei Fällen, glaube ich, könnten wir
ihrer entraten. Wenn die Recht hätten, welche fortwährend auf dem Alten verharren wollen, so
bedürfte man nur des strengen, einmal gegebenen Gesetzes und etwa der Unwandelbarkeit einer
Aristokratie. Wäre dagegen den anderen zu glauben, welche in unermüdlicher Bewegung einem
immer zurückweichenden und immer wechselnden Ziele nachjagen, so würden allerdings die
Zügel der Dinge einer demokratischen Versammlung anzuvertrauen sein. Allein etwas anderes
braucht die Welt: gesetzmäßige Entwicklung tut ihr not; die Gegenwart bedarf zugleich der Vergangenheit und der Zukunft. Unsere Fürsten sind auf der einen Seite die Bewahrer des Rechts;
aus dem Dunkel der vergangenen Jahrhunderte sind sie, in lebendiger Vereinigung mit ihren
Völkerschaften, in den heutigen Tag eingetreten; auf der anderen sind sie die Verbündeten der
Entwicklung; alle ihre Größe und all ihr Ruhm beruht auf derselben. Man wird nicht sagen, daß

sie in dem Falle Napoleons wären: ihre Herrschaft stammt nicht von dem gestrigen Tage, noch von der Gewalt; sie sind rechtmäßige Fürsten, so rechtmäßig, wie irgendein Besitzer in dem ganze Lande; sie sind durch die Natur der Dinge beschränkt. Ebensowenig aber sind sie in dem Falle der Bourbonen; sie sind nie von ihrem Volke ausgestoßen gewesen; sie haben ihr Interesse nie von dem Interesse der Landschaft getrennt. Es ist eine uralte, angestammte, unauflösliche Verbindung: mit der Gesamtentwicklung des Landes ist ihr Dasein, ist ihre Macht verwoben. Sie verlassen uns nicht; wir verlassen sie nicht: miteinander bestehen wir Kampf und Gefahr, wir bilden eine Familie.

In diesem alten Verhältnis einer gegenseitigen Treue und gesetzlichen Verpflichtung haben die stürmischen Jahre der Revolution und Restauration keine wesentliche Veränderung hervorgebracht; wie ganz anders als in Frankreich, wo alles, was demselben analog war, völlig vernichtet worden ist! Wie aber? Wären wir etwa seit der Wiederherstellung der Bourbonen in den Fall der Franzosen geraten, oder sie in den unsern?

Auf der Oberfläche, es ist nicht zu leugnen, zeigen die Dinge eine gewisse Ähnlichkeit. In Frankreich, wo man sich im ganzen ruhig hielt, sprach man nur von dem Bedürfnis guter Staatseinrichtungen, das man nach so großen Erschütterungen allenthalben mitfühlen mußte. Dort wechselten die Ministerien; und allenthalben glaubte man Klage zu haben. Dort wurden in täglichen Sitzungen die Verhältnisse zwischen der fürstlichen Gewalt und der Verwaltung, der Aristokratie und dem Lande, den verschiedenen Ständen verhandelt; wo hätte man sich so behaglich fühlen sollen, daß man nicht der Notwendigkeit inne geworden wäre, eben dieselben auseinanderzusetzen?

Es ist jedoch leicht zu bemerken, daß diese Ähnlichkeiten nur sehr allgemein sind. In der Tat kann es keinen Staat geben, der nicht so wichtige Fragen auf seine Weise zu lösen hätte. Sowie wir ein wenig tiefer eingehen, so nehmen wir wahr, daß die Franzosen fern davon waren, ein allgemeines, daß sie ein sehr besonderes und ihnen eigentümliches Ziel verfolgten; ein Ziel, das ihnen durch die Ergebnisse ihrer Revolution gesetzt war.

Diese, man wollte sie nicht aufgeben noch verlieren. Man hat sie während aller Jahre der Restauration gegen ebendieselben verfochten, über welche man sie erobert hatte. Schien es nicht, als wollten diejenigen, die durch die Restauration zurückgekommen waren, den Schatten der erschlagenen alten Monarchie heraufbeschworen und wieder beleben? Das revolutionäre Frankreich nahm alle seine Kräfte zusammen, ihnen zu widerstehen.

Nun ereignete sich, und ich habe zu zeigen gesucht, auf welche Weise, daß sich der Kampf der Interessen in die Verfassung warf und den Schein annahm, als gelte er die Auseinandersetzung der königlichen Gewalt und des Volkes. Man täusche sich nicht, er war nicht darin. Während man beeifert schien, die beste Verfassung zu entdecken und sie auf das vollkommenste auszubilden, verfocht ein jeder das ihm durch seine Stellung zu der Revolution angewiesene Interesse. Tausendmal haben die Franzosen bekannt, daß es ihnen bei den Verhandlungen während der Jahre der Restauration gar nicht auf Untersuchung und eigentliche Erörterung ankam. In fünf Minuten, sagen sie, konnte man sich auf alle Fälle für und wider entscheiden. Es kam darauf an, ob man die Interessen der neuen Nation teilte oder die Ansprüche der alten festhielt. Zwischen beiden wurde der alte Krieg fortgesetzt.

Ich weiß nicht, ob es im Laufe der Jahrhunderte noch ein andermal vorgekommen ist, daß Prinzipien und Dasein dergestalt ineinandergewachsen und unauflöslich vereinigt gewesen wären. Die Ideen, die an der Bildung der Zustände so großen Anteil gehabt haben, ließen sich von denselben nicht wieder sondern. Wollte man behaupten, was man erworben, wollte man fernerhin auch nur äußerlich und bürgerlich leben wie bisher, so mußte man die Gedanken geltend erhalten, auf denen die Zustände beruhten. Im Anfange der Revolution hat man die Ideen eher mit freier Wahl ergriffen; man nahm für dieselben keine andere, als eine rationelle Wahrheit in Anspruch und suchte sie durch Beweis geltend zu machen. Jetzt hatte man keine Wahl weiter: durch seine Existenz war man an die Ideen gefesselt, um so mehr, da man sich ihrer fortwährend bedienen mußte, um sich zu verteidigen; sie waren durch die Gesetze anerkannt und ausgesprochen; was früherhin rationell gewesen, trat nunmehr als Legalität auf; und es kam nur darauf an, es als solche weiter auszubilden, es wider die Gegner, deren Bestrebungen ein anderes System, ein anderes Interesse zugrunde lag, ohne Abbruch zu behaupten. Es ist merkwürdig, zu beobachten, wie oft man die besonderen Bedürfnisse und Wünsche der Parteien durch allgemeine und konstitutionelle Bestimmungen zu erfüllen sucht. Selten ist ein Vorschlag, ein Gesetz ohne eine Absicht im Rückhalt, einen versteckten Nebengedanken. Was die Leidenschaft fordert, rüstet man mit Gründen aus; jenes Gebiet von Ideen, das zuerst Montesquieu im großen abgegrenzt und darauf die Konstituante in Besitz genommen, ist zum Kampfplatz geworden. Es ist, wie gesagt, der alte Krieg. Die Meinungen sind fertig, es sind die Waffen.

Und diese wären auch bei uns anwendbar, wo Vorgänge und Entwicklungen von so ganz verschiedenem Charakter gewesen sind? Ist etwa auch bei uns eine verjagte Generation wiedergekommen, ihren verlorenen Rechten nachzufragen? Ist bei uns das Fürstentum mit einer solchen verbündet? Kann es irgendwo, ohne mit sich selber in Widerstreit zu geraten und sich seiner eigenen Vergangenheit entgegenzusetzen, eine verfallene Aristokratie zu neuem Leben aufzurufen gesonnen sein? Wo ist das Volk, man nenne es, das wirklich Grund hätte, in unaufhörlichem Verdacht zu leben, als werde es in den Bedingungen seiner Existenz bedroht und gefährdet? Nein! von der allgemeinen Fassung, in welcher die französischen Parteien ihre Ansprüche vortragen, muß man sich nicht blenden lassen; jenem Strome des Raisonnements, mit welchem die französischen Zeitungen und Tagesschriften Europa überfluten, muß man sich nicht blindlings ergeben.

Die Übermacht, welche französische Sitte und Literatur seit Jahrhunderten auf Nahe und Ferne ausübt, hat sich gegenwärtig auf diesen Zweig geworfen, der in der Tat mit so viel Gewandtheit, geistiger Behendigkeit und glücklichem Erfolg bearbeitet wird, daß er den glänzendsten Teil ihres Lebens ausmacht. Sollte es zu billigen sein, wenn die europäische und denn auch die deutsche Opposition sich in die Formen der französischen wirft und deren Verwandlungen, die einen ihr eigentlichen Grund haben, in analogen Schwingungen mitmacht?

Nicht als ob bei uns alles wohleingerichtet wäre, als ob man die Schwierigkeiten, die sich nach so großen Unfällen und Zerstörungen, nach einem so völligen Umschwung der Dinge allenthalben zeigen mußten, eben sehr glücklich überwunden hätte. Ich sage nicht, daß nicht viel Unrecht geschehen, daß nicht viele Ansprüche zu vergleichen, viel Übel gutzumachen übrig sei. Es ist dies nur allzu gewiß. Allein durch die Eigentümlichkeit der Ereignisse in unserm Lande ist uns eine ganz andere Aufgabe gestellt worden.

Einmal liegt uns nicht sowohl ob, zu behaupten, was wir durch die Revolution erworben, als vielmehr das zu ersetzen, was wir durch dieselbe verloren haben. So mangelhaft die alte Einrichtung des Reiches sein mochte, so bedeutete sie uns doch jene nationale Einheit, an welcher alle deutschen Herzen hangen. Wer sollte es nicht fühlen? Freilich wäre es schwer gewesen, unter den Umständen, wie sie waren, eine engere Verbindung durchzusetzen, als diejenige geworden, mit welcher man das Reich am Ende hat ersetzen wollen; der Mangel ward vielleicht eben von dort aus am meisten veranlaßt, wo man ihn jetzt am meisten empfindet; allein soll man sich darum verbergen, daß unser Vaterland allerdings einer besseren Vereinigung bedürfte? Es bedarf derselben für den Fall eines fremden Angriffs, da ist kein Zweifel. Es bedarf ihrer aber, wenn wir nicht irren, auch für den Frieden. In den kleinen Fürstentümern sind es zuletzt wohl beide Teile selber inne geworden. Kann es, frage ich, nicht einen Fall geben, in welchem die Autorität für ihren beschränkten Wirkungskreis, für den Umfang ihrer täglichen Pflichten allzuviel Kräfte in Anspruch nimmt und dennoch nicht stark genug wird, um der Erhebung ungesetzlicher Gewalten zu widerstehen? Dieser Fall, ist er nicht hie und da eingetreten? Hat man nicht hie und da den Widerstand aufgereizt, ohne doch stark genug zu sein, ihn zu überwinden und die empörten Kräfte in die Bahn der Ordnung zu leiten? Unglücklicher Zustand! Alle deutschen Patrioten werden, denke ich, übereinstimmen, daß die Folgen desselben so gut wie möglich beizulegen, seine Wiederkehr, seine Fortsetzung so sorgsam wie möglich zu verhüten wären. Allein nicht minder werden sie überzeugt sein, daß diese Übelstände durch Gewaltsamkeiten, durch den Umsturz des Bestehenden nicht allein nicht gehoben, sondern tausendfach vermehrt werden würden. Auf eine vernünftige, schonende Weise, in freier Übereinkunft, in allmählichem Fortschritt, durch nähere und nähere Vereinigung der lebendigen Interessen, wozu die Verfassung, in der wir sind, uns allen Spielraum läßt, wäre es zu versuchen. Dazu aber gehört etwas mehr, als die Debatten der Franzosen wiederholen, die gerade an dem Übermaß derjenigen Einheit leiden, deren völligen Mangel wir beklagen.

Ebensowenig, dünkt mich, kann es uns in den innern Verhältnissen unserer Staaten fördern, auf deren Beispiel zu sehen. Was ist es doch, worüber man sich beschwert? Man hört klagen, daß die Verwaltungen nicht selten hart seien, starr, drückend, daß man die besonderen Bedürfnisse der Personen, Städte, Landschaften allzuwenig berücksichtige.

Wer wollte es leugnen? Allein man erlaube mir, zu bemerken, daß diejenige Richtung, welche die Ständeversammlungen gegenwärtig zu nehmen scheinen, schwerlich dienen kann, diesem Übelstande jemals abzuhelfen. Wenn es ihnen gelingen sollte, von den Rechten der höchsten Gewalt immer mehr an sich zu bringen, ungefähr wie es in Frankreich geschehen ist, so würden sie zwar das Ansehen des Fürsten schmälern und sich einen entscheidenden Einfluß auf dessen Entschlüsse verschaffen; aber das Übel der Zentralisation würden sie, – ganz wie es dort stattfindet, – nicht anders als vermehren. Die Verwaltung, gestützt auf die Beschlüsse der Mehrzahl, würde nur um so durchgreifender werden und sich um so weniger verpflichtet glauben, auf lokale und provinzielle Unterscheidungen Rücksicht zu nehmen. Dieser Despotismus der Einheit, die überdies nur künstlich gemacht ist, welchen Sinn hat er in einem kleinen Lande? Durch welche Vorteile entschädigt er für die Aufopferungen, die er gebietet? Dort in Frankreich suchen sich die Interessen der Revolution, – welche mit den Interessen der nationalen Einheit zusammenfallen, – einen selbständigen Einfluß auf eine Regierung zu verschaffen, die nicht ihres Sinnes sein möchte. Hier, wo wären die Interessen der Revolution, wo die Gewalten, von denen dieselben bedroht würden? Die Neuerung, welche geschehen – ohne Vergleich weniger durchgehend und vollständig –, ist, wie gesagt, im Bunde mit den Regierungen, durch sie selbst, vollbracht worden und ist ihr eigener Vorteil. Ganz eine andere Aufgabe haben wir. Sie geht ohne Zweifel dahin, die Ansprüche der verschiedenen Stände ruhig und rechtlich auszugleichen, die Bedürfnisse der verschiedenen Landesteile gleichmäßig zu berücksichtigen, jene Wunden, welche die Jahre der Bewegung geschlagen, zu heilen und nicht immer wieder aufzureißen, in Wohlfahrt, Ordnung, Entwicklung aller Kräfte fortzuschreiten und dabei die Treue und Gesetzlichkeit zu behaupten, die den Deutschen so wohl ziemt.

Statt dessen hat man wohl erlebt, daß sich hie und da die Mitglieder deutscher Stände in die Rolle der französischen Kammern versetzt zu sehen geglaubt haben. Es haben sich etliche berufen gefühlt, sich ihren Fürsten, mit denen sie fast eine gemeinschaftliche Sache hatten und nur über untergeordnete Interessen streitig sein konnten, entgegenzusetzen, wie dort etwa ein General, ein Staatsrat Napoleons, ein Foy, ein Benj. Constant der bourbonischen Regierung, mit der sie kämpften auf Leben und Tod. Allerdings sind am Ende auf der anderen Seite analoge Irrtümer entstanden. Fürstentümer und Reiche bieten auch bei großer Verschiedenheit immer gewisse Ähnlichkeiten dar. Allein wenn man sich überredet hat, die Interessen der Fürsten seien allenthalben den bourbonischen gleich, die Interessen der Völker dem Interesse der Französischen Revolution, so ist das ein ungeheurer, der Wahrheit der Dinge schnurstracks zuwiderlaufender Irrtum. Und wie verderblich! Eine uns eigene, große, deutsche Aufgabe haben wir zu lösen: den echtdeutschen Staat haben wir auszubilden, wie er dem Genius der Nation entspricht. Dazu gibt es schwerlich einen andern Weg, als die unleugbaren und augenscheinlichen Mängel, deren so viele sind, ins Auge zu fassen, sie, soviel an uns liegt, zu heben und immer das zu leisten, was not tut. Sich erdichtete Bedürfnisse zu schaffen, weil man anderswo davon redet; durch kleinliche Reibungen einer Trennung, die man aus allen Kräften vermeiden sollte, erst das Dasein zu geben; – es scheint mir nicht förderlich. Vor allem aber soll man sich vor den Formen hüten, welche die Franzosen in ihrem eignen Interesse, das von dem unsern so ganz verschieden ist, erfunden haben.

Nachahmung ist bei jeder menschlichen Tätigkeit bedenklich und hemmend; in Staatseinrichtungen aber ist sie – es kann nicht anders sein – höchst gefährlich. Wie schwer ist es schon, irgendeine Idee, sie sei so rein und angemessen wie sie wolle, ins Leben zu führen! Sowie man aber nachahmt und herübernimmt, hat man es überdies nicht mehr mit reinen Gedanken, mit dem Ideale zu tun; man sucht die Formen, die ein fremdes Leben hervorgebracht hat, auf das eigene überzutragen. Was uns als Idee erscheint, es ist oft nur das Abstraktum einer fremden Existenz. Wie aber dann? Sollte es nicht sein Prinzip auch bei uns geltend machen? Immer tiefer und tiefer wird die Wirkung gehen, und was in einem andern Lande natürlich ist, kann das unsre zur Revolution führen. Als man die Mißbräuche des altfranzösischen Staates abzuschaffen unternahm, war es ein großes Übel, daß man englische, ja nordamerikanische Formen ins Auge faßte. Jene Gedanken, die in Nordamerika aus dem Dasein unmittelbar hervorgingen, es reinigten und belebten, haben dazu beitragen müssen, das alte Frankreich von Grund aus zu zerstören.

Ganz etwas andres ist es, das Ideal auf eignem Wege zu verfolgen, auf dem Wege, welchen unsre Väter eingeschlagen, die die Bewunderung der Welt waren, den Veränderungen gemäß, die seitdem eingetreten sind. Stehen bleiben: es wäre der Tod; nachahmen: es ist schon eine Art von Knechtschaft; eigene Ausbildung und Entwicklung: das ist Leben und Freiheit.

Unsre Lehre ist, daß ein jedes Volk seine eigne Politik habe. Was will sie doch sagen, die Nationalunabhängigkeit, von der alle Gemüter durchdrungen sind? Kann sie allein bedeuten, daß kein fremder Intendant in unsern Städten sitze und keine fremde Truppe unser Land durchziehe? Heißt es nicht vielmehr, daß wir unsre geistigen Eigenschaften, ohne von andern abzuhängen, zu dem Grade der Vollkommenheit bringen, deren sie in sich selber fähig sind? Daß wir die Natur, die wir von Gott haben, unser ursprüngliches Eigentum, unser Wesen, auf die von demselben geforderte Weise selbständig ausbilden?

Warum gibt es endlich verschiedene Staaten? Ist es nicht darum, weil es verschiedene gleich gute Möglichkeiten derselben gibt? Die Idee der Menschheit, Gott gab ihr Ausdruck in den verschiedenen Völkern. Die Idee des Staates, sie spricht sich in den verschiedenen Staaten aus. Gäbe es nur *eine* untadelhafte Möglichkeit des Staates, gäbe es nur *eine* rechte Form desselben, so wäre die Universalmonarchie allein vernünftig.

Man redet viel von der Forderung des Geistes der Zeit. Seltsam wäre es, zu behaupten, sie reiche weiter, als die Gemeinschaftlichkeit unsrer Natur überhaupt. Auch ist der Geist nicht von so groben Fäden, daß er sich einem Volke bloß in den Formen mitteilen ließe, die ein andres erfunden hat, daß man diese von verschiedenen Zuständen auf verschiedene übertragen müßte. Er ist als Prinzipium wirksam und wird sich auf natürlichem Wege aus seiner Gegenwart und seiner Vergangenheit eine neue Zukunft entwickeln.

Ein großes Volk, sowie ein selbständiger Staat, wird nicht allein daran erkannt, daß es seine Feinde von den Grenzen abzuwehren wisse. Die Bedingung seiner Existenz ist, daß es dem menschlichen Geiste einen neuen Ausdruck verschaffe, ihn in neuen, eignen Formen ausspreche und ihn neu offenbare. Das ist sein Auftrag von Gott.

Und wie? Wir sollten uns jetzt von den französischen Richtungen übermannen lassen? Ich tadle die Franzosen nicht: seien sie, wie sie sind, wie sie sein können. Allein als sie uns jene Philosophie des achtzehnten Jahrhunderts, die zum Teil auch aus England übertragen war, und die mit ihr zusammenhängende Ansicht der Religion und Natur überliefern wollten, haben wir uns damals von ihnen überreden lassen? Es ist gerade im Gegensatz mit ihnen gewesen, daß wir, wie sie nun selber gestehen, um soviel tiefer eingedrungen und der Wahrheit nähergekommen sind. In allen Zweigen der Wissenschaft, niemand wird es leugnen, ist ihre Ansicht geschlagen und verdrängt worden. Ihre Poesie und Kunst? Glücklicherweise sind wir, seit wir eine Literatur haben, ihren Spuren nicht weiter gefolgt. Alle geistigen Bestrebungen unsrer guten Zeit, alle wissenschaftlichen Erwerbungen unsrer großen Männer, alles was den Deutschen einen Namen macht, es ist im Gegensatz gegen Frankreich gelungen. Und den Staat, den die Franzosen überdies in Anschauung fremder Formen hervorgebracht, der aber ganz auf dem nämlichen Zusammenhange der Ideen, auf jener mechanischen Ansicht der Dinge, die ihnen so natürlich ist, beruht, – der eben darum jeden Augenblick in sich selber zu verfallen droht – den sollten wir nachahmen und herübernehmen! Nachdem wir sie in allen einzelnen Zweigen zurückgeschlagen, nachdem wir, in jener großen geistigen Richtung weiterschreitend und zu den Waffen greifend, sie auch im Felde überwunden haben, sollten wir uns in dem wichtigsten Lebenselement, in der Form des Staates, an sie anschließen und ihre dürren Erfindungen nachahmen? Es sei ferne! Alles, was wir leben und sind, alles, was wir in den Jahrhunderten unsrer Vergangenheit erworben haben, lehnt sich dawider auf.

Friedrich Wilhelm IV., König von Preußen

Zur Geschichte Deutschlands und Frankreichs. Werke Bd. 49 u. 50 S. 579 ff. Briefwechsel mit Bunsen, Schlußbetrachtung.

Die politische Gesinnung des Königs wurzelt in dem Kampfe gegen den ersten französischen Imperator, von dessen unterdrückender Obergewalt sich Preußen in Verbindung mit den übrigen europäischen Mächten losgerissen hatte, und der dann der allgemeinen Anstrengung, die in Preußen am stärksten und populärsten auftrat, unterlegen war. In dem Imperator haßte der König nicht sowohl die Person als den Vertreter des *revolutionären Prinzips*, welches, indem es alle bestehenden, historisch erwachsenen Ordnungen vernichtete, der Usurpation und Gewaltsamkeit Tür und Tor geöffnet habe. Die *Legitimität* hatte für ihn einen noch außerhalb seines Rechts liegenden Wert, darin, daß sie zu dem Widerstande den Mittelpunkt gebildet und die Völkerkräfte um sich vereinigt hatte. Er hielt für notwendig, an den alten Ordnungen festzuhalten, die bei der Entstehung der abendländischen Staaten begründet sich in den mannigfaltigsten Abwandlungen fortgebildet hatten und noch weitrer Fortbildung fähig schienen. Den vornehmsten Ausdruck derselben sah er in dem *Deutschen Reich*, dessen Idee er selbst in dem Zerfall der Einheit erkannte und festhielt. Er schloß sich ihr mit Hingebung an; ein Vereinigtes und kampfgerüstetes Deutschland bildete sein Ideal, zumal auch Preußen darin fast die vornehmste Rolle spielen mußte. Wie der Umfang seines Gebiets und des deutschen Bunds überhaupt infolge des großen Kampfes bestimmt worden war, so wollte er ihn behaupten, im Verein mit den verbündeten Mächten, nicht selten wieder im Gegensatz gegen die revolutionären Gewalten.

Denn kaum war der Imperator gefallen, so regten sich die Tendenzen, die er im großen und ganzen teilte, aber im einzelnen niederzuhalten verstand, in freier Bewegung, gereizt durch die Mängel der versuchten Restauration, und erweckten allenthalben die Analogien, die sie durch ihre lange und glückliche Aktion hervorgebracht hatten. Rußland und England wurden davon nicht unmittelbar betroffen; jenes machte den Versuch sich gegen die Bewegung zu verschließen und sie wie einen äußern Feind abzuwehren; England wollte, durch die doppelseitige Natur seiner Verfassung bewogen, sich neutral verhalten. Der neue Kampf vollzog sich in dem kontinentalen, romanisch-germanischen Europa. Da trat in den restaurierten romanischen Ländern eine weitverbreitete *revolutionäre Bewegung* ein, die durch das Ereignis von 1830 das allgemeine Übergewicht und einen unermeßlichen Einfluß auf Deutschland erlangte.

Österreich und Preußen nahmen dagegen abweichende Stellungen. Das erste, in seinen europäischen Verhältnissen bedroht, hielt sich folgerichtig auf dem Wege des absoluten Widerstands, für den es auch sein altes Ansehen in Deutschland verwendete. Der Zweck der preußischen Regierung dagegen, vor allem Friedrich Wilhelms IV. war, die alten Institutionen in einem den Forderungen der Zeit gemäßen Sinne *auszubauen*, so daß kein Antrieb übrig bleibe, durch welchen daß Land nach der andern Seite hingetrieben würde. Mit den liberalen Ideen, die ja im preußischen Staate namentlich durch die Städteordnung und die Gesetzgebung über das Landeigentum Eingang gewonnen hatten, würde sich der König in verwandter Form vielleicht verständigt haben; aber in ihrem Gefolge trat noch eine andre Bewegung auf, die ihm allgemeines Verderben zu enthalten schien: die des Radikalismus und Sozialismus, welche der gesamten gesellschaftlichen Ordnung den Boden unter den Füßen zu entreißen drohte, und deren Anhänger alle Offenbarung und selbst den Glauben an den lebendigen Gott von sich warfen. Diesen zu widerstehen hielt er für seine vornehmste Pflicht, als Fürst, als Christ wie als Mensch. Er *verwarf das liberale System*, weil er keine greifbare Grenze zwischen den Grundbegriffen der Liberalen und Radikalen entdecken konnte; in der Verbindung von beiden sah er die Gefahr der gebildeten Welt.

Indem Friedrich Wilhelm IV. diesen Elementen ein unüberwindliches Bollwerk entgegenzusetzen beschäftigt war, wurde er von ihnen überrascht und mußte ihnen weichen. Seine Regierung wird durch den 18. März in zwei verschiedene Perioden geschieden, in denen er doch die

Identität seiner Gesinnung bewahrte. Denn auch in der zweiten blieb er weit entfernt, den revolutionären Tendenzen, die so häufig den konstitutionellen Formen verbunden sind, nachzugeben. Er hätte sonst einfach die belgische Verfassung herübergenommen und sich den Anschauungen der Frankfurter Versammlung angeschlossen. Daß er es *nicht* tat, kann als die vornehmste Handlung, wenigstens als die nachwirkendste seines Lebens betrachtet werden.

Nach beiden Seiten hin erhielt er das Selbst des preußischen Staats. In der Verfassung behauptete er den Nerv des monarchischen Prinzips, in bezug auf das Deutsche Reich bezwang er seinen Ehrgeiz und ließ sich nicht durch den geheimen Wunsch seines Herzens dazu verführen, das Prinzip zu verleugnen, welches er bekannt und auf seine Fahne geschrieben hatte. Dazu gehörte ein Mann von der idealen und doch strengen, der im einzelnen biegsamen und im ganzen festen Gesinnung, von der geistvollen, aber in die Institutionen und das Leben alter Zeit versenkten Weltauffassung, die ihm eigen waren. Eine Überzeugung von einer Nachhaltigkeit und Tiefe, wie sie ihm innewohnte, war erforderlich, um die *konservativen Grundsätze*, die aus einer großen Vergangenheit stammten, nicht untergehen zu lassen für Zukunft und Welt.

Dabei ist aber nicht zu verkennen, daß zwischen seinen Ideen und ihrer praktischen Durchführung bei den ganz veränderten Umständen ein weiter Abstand eintrat. Sein nach vielen Richtungen hin anstrebender Geist bildete eine neue Schwierigkeit für die *Verwaltung*. Mit der verdienstvollen Bureaukratie, die er vor sich fand, konnte er sich nie verständigen, da er sie unaufhörlich nach einem Sinne lenken wollte, der nicht der ihre war. Dieser Widerstreit gab seiner Regierung den Charakter der Unsicherheit und des Schwankens; aber die Entwicklung der innern Lebenskräfte hat dabei nicht gelitten. Wenn man sich des Zustandes erinnert, in welchem er die Regierung übernommen hatte, – mit patriarchalischer Fürsorge waltend, aber zugleich trocken und einseitig gebieterisch, – wie war unter ihm alles so ganz verändert, von Leben und eigner Regsamkeit erfüllt, freilich nicht ohne tiefe Gärung.

In der Politik kann man überhaupt zwei Direktionen unterscheiden: das Ergreifen der beherrschenden Ideen und die Verwaltung der laufenden Geschäfte. Glücklich der Regent, für den beide zusammenfallen und ein einziges Ganze bilden! An Friedrich Wilhelm IV. tadelten die Mitlebenden, daß er die jeweiligen Zeitumstände nicht entschlossen genug benutze, so daß er mit all den Mitteln, über die er verfügen könne, doch nichts ausrichte; seine auf Zustände der Vergangenheit begründete Doktrin hindre ihn, in die Fragen des Tages energisch einzugreifen, und gebe seiner Tätigkeit selbst eine falsche Richtung; sein stetes Schwanken mache jeden Erfolg unmöglich und entziehe ihm das allgemeine Vertrauen. Und so mag es scheinen, wenn man die Verhandlungen, soweit sie bekannt wurden, in ihren Einzelheiten auffaßt und danach urteilt. Der Briefwechsel aber, von dem wir einen Auszug mitgeteilt haben, und der sich in die Höhe der maßgebenden Gedanken erhebt, führt doch zu einer andern Ansicht.

In der Mitte der miteinander ringenden Weltkräfte, die einander das Gleichgewicht hielten, war für den preußischen Staat eine *neutrale Politik* geboten, nicht eigentlich um das Gleichgewicht zu erhalten, sondern vor allem um sich selbst zu behaupten. Erwägungen von religiös-moralischem Inhalt über Recht und Unrecht der streitenden Parteien oder Staatsgewalten übten Einfluß auf die Entschließungen Friedrich Wilhelms. Aber überdies hatte er jeden Augenblick das lebendigste Bewußtsein seiner eignen Stellung, die ihm Rücksichten und selbst Nachgiebigkeiten auferlegte. Und immer schwebte ihm die Bedeutung des Moments für die Zukunft vor Augen. Die Welt sah in seinem Verhalten häufig charakterlose Oscillation und Unentschlossenheit, nicht die dabei doch immer vorwaltende einheitliche Direktion. Heutzutage aber ist es möglich, den Blick über den momentanen Eindruck hinaus auf das *Konstante in der Politik des Königs* zu richten. Dann treten doch, wenn wir uns nicht täuschen, die Wirkungen derselben für den preußischen Staat und Deutschland als überaus bedeutend hervor: der heutige Zustand beruht größtenteils darauf.

Ein unendlich wichtiger Schritt war es doch, daß er die absolute Monarchie, wie er sie von seinen Vorfahren überkommen, mit einer ständischen und deliberativen Institution in Verbindung brachte, die, wie sie sich auch entwickeln mochte, allemal der monarchischen Gewalt Schranken gezogen haben würde. Er kam damit nicht zu dem Ziele, das ihm vorschwebte; die liberalen und selbst die demokratischen Ideen gewannen die Oberhand. Dann war es seine vornehmste Absicht, in der neuen Verfassung die *wesentlichen Bedingungen der Monarchie zu retten*. Ihm vor allem gehören die Bestimmungen der Verfassung an, die das finanzielle Bestehen des preußischen Staates von der Fluktuation der Parteien und dem jeweiligen Übergewicht der Opposition unabhängig machen; dem Königtum hat er seine unmittelbare Autorität über das Heerwesen gesichert: man darf darin wohl die beiden Grundpfeiler der Monarchie in dem konstitutionellen Preußen erkennen.

Indem Friedrich Wilhelm IV. die Kaiserkrone unter den Bedingungen und Umständen, unter denen sie ihm angeboten wurde, ablehnte, hat er doch die Erwerbung derselben in andern Formen unter einer veränderten Weltlage *möglich erhalten* und selbst angebahnt. Sein Grundgedanke, einen Bundesstaat zustande zu bringen, unabhängig von Österreich, aber nicht feindselig gegen diese Macht, hat sich nach den großen Kämpfen, die seitdem ausgefochten worden sind, zuletzt realisiert. Er beherrscht gegenwärtig die Situation von Deutschland und Europa.

Mit dem zweiten französischen Imperator in unmittelbaren Hader zu geraten, vermied Friedrich Wilhelm IV. sorgfältig und rücksichtsvoll, aber in dem Auftreten desselben auf Grund der revolutionären und militärischen Erinnrungen, in den innern Trieben der Dinge, von denen die Macht des Gebieters sich herschrieb und die ihn fortreißen konnten selbst ohne seinen Willen, erblickte er eine Gefahr für den territorialen Bestand von Europa und Deutschland, vor allem auch des preußischen Staats. In der Voraussicht eines bevorstehenden Kampfs suchte er ein der alten Bundesgenossenschaft entsprechendes Verhältnis zu Rußland aufrecht zu erhalten. Das Verdienst, das er sich in einem gefährlichen Augenblick um dieses Reich erwarb, hat für den preußischen Staat, als es zu dem vorausgesehenen Angriffe kam, segensreiche Frucht getragen.

Sein ganzes Leben hindurch ist Friedrich Wilhelm bemüht gewesen, in freundschaftlicher Verbindung mit England zu stehen, ohne sich von vorübergehenden Wechselfällen in der Politik der verschiednen Ministerien zurückstoßen oder fortreißen zu lassen. In einer glücklichen dynastischen Verbindung hat dies Bestreben seinen Abschluß gefunden; es hat zu einem besseren Verständnis der Nationen und Regierungen geführt.

Mit alledem gelangte Friedrich Wilhelm IV. noch nicht in eine feste und gesicherte politische Lage. Nach jener Abkunft von Olmütz gestaltete sich das Verhältnis zu *Österreich* in dem wiederhergestellten Bunde unerträglich für Preußen und Deutschland. Sollte das Ziel erreicht werden, das er angestrebt hatte, die Errichtung und Leitung eines Bundesstaates, so mußte man den vorwaltenden Meinungen einen Schritt näher treten, denn sie hatten doch auch ihrerseits eine historische Berechtigung und waren zu tief gewurzelt und zu mächtig, um ihnen nicht Rechnung zu tragen; überdies mußte man sich entschließen mit Österreich zu brechen. Wenn wir recht unterrichtet sind, so war der König am Ende seiner Tage dazu geneigt. Er hatte alles versucht, um mit Österreich Hand in Hand zu gehen, aber vergeblich. Für jenen Entwurf zu einer Expedition nach der Schweiz versagte Österreich seine Zustimmung, wenn sie auch nicht weiter gehe als zur Herstellung des preußischen Königshauses in Neuenburg. In den deutschen Angelegenheiten kam es so weit, daß der König in Wien erklären ließ, seine Nachgiebigkeit habe ihre Grenzen; wenn Österreichs Verhalten mit der Pflicht kollidiere, welche er als König von Preußen für Deutschland habe, so werde er nicht weichen. Er hat das bedeutungsvolle Wort ausgesprochen: es könne wohl geschehen, daß die beiden Mächte am weißen Berge – er zielt auf jene Schlacht von 1620 – noch einmal ihre Kräfte messen würden. Seine Reise nach Wien im Jahre 1857 war darauf berechnet, die Zwistigkeiten zu beseitigen. Es gehörte zu den schmerzlichen Eindrücken seiner letzten Tage, daß er das unmöglich fand. Männer, die ihm nahe standen, versichern, er habe sich ernstlich mit dem Gedanken beschäftigt, den Kampf aufzunehmen. Ihm war es jedoch nicht beschieden, den alten Antagonismus, dessen Ausbruch er noch zurückgehalten hatte, zur Entscheidung zu bringen. Denn nur einen Moment in der Geschichte bildet ein einzelnes Leben.

Der Krieg gegen Österreich 1866

Glückwunschschreiben an König Wilhelm, 1. Januar 1867. Zur eignen Lebensgeschichte, Werke Bd. 53 u. 54 S. 471.

Ew. Kgl. Majestät erster Eintritt in den militärischen Dienst, den die Armee und das Land heute festlich begehen, bildet auch für den Historiker einen wichtigen Moment. Denn damit begann die militärische Bildung, welche so recht das innre Wesen Ew. Majestät bestimmt und mit der Zeit die glänzenden Erfolge, deren wir uns heute erfreuen, hervorgerufen hat. Noch als Prinz von Preußen haben Ew. Majestät dem hochseligen König Friedrich Wilhelm IV. zur Seite die militärischen Angelegenheiten zu Ihrem vornehmsten Augenmerk gemacht. Selbst zur höchsten Gewalt gelangt, haben Ew. Majestät die Reorganisation der Armee unter den mannigfaltigsten Schwierigkeiten durchgeführt. Die Einrichtungen, welche unter der Regierung Friedrich Wilhelms III., des unvergeßlichen Vaters Ew. Majestät, begründet worden waren, sind dadurch erst zu vollem Leben gediehen; Ew. Majestät haben den Geist derselben gepflegt und in voller Energie und unabhängiger Wirksamkeit erhalten.

Als es nicht mehr zu vermeiden stand, haben Ew. Majestät den Befehl zu einem Kampfe gegeben, der für die Bedeutung und Weltstellung der Monarchie entscheidend werden mußte. Da hat sich die Organisation über alle Erwartung glänzend bewährt. Ew. Majestät haben persönlich die Armee zu Siegen und Erfolgen geführt, welche sich den größten beigesellen, die jemals errungen worden sind. So ist Ew. Majestät militärische Bildung ein historisches Moment geworden und verknüpft sich aufs engste mit dem Geschicke des preußischen Staats und selbst jedes einzelnen. Denn allerdings bedrohte die feindliche Aufstellung das eigenste Selbst des Staats; nicht allein seine Macht, sondern auch das Prinzip der religiösen Unabhängigkeit und geistigen Durchbildung, auf welchem derselbe beruht. Ohne den Schutz Ew. Majestät und Ihrer von Gott gesegneten Waffen würden auch wir Gelehrten unsere Bücher nicht schreiben können; man würde sie nicht lesen wollen, in dem Publikum würden andre Gesinnungen herrschend werden.

An meiner Arbeit über die englische Geschichte haben, wie der hochselige König, Allerhöchstdero verewigter Bruder, so auch Ew. Majestät selbst gnädigen Anteil genommen. Ich lege hier den sechsten Band derselben Ew. Majestät zu Füßen und verbinde damit den tiefsten Dank für die mannigfaltige Gnade, mit der mich Ew. Majestät ausgezeichnet haben, vor allem aber meinen alleruntertänigsten und wärmsten Glückwunsch, wie zu der wirkungsreichen und glorreichen Vergangenheit, der nahen wie der fernen, so zu der Zukunft, die eine entsprechende und ebenbürtige Fortsetzung derselben sein möge.

In tiefster Devotion Ew. Majestät alleruntertänigster und treugehorsamster
L. v. Ranke.

Der Krieg gegen Frankreich 1870

Rede in der Versammlung der Historischen Kommission am 1. Oktober 1870. Werke Bd. 51 u. 52 S. 560-564.

Man glaubte in Frankreich noch immer Deutschland vor sich zu haben, wie es die revolutionären Heere und der erste Kaiser vor sich hatten. Da war es nun ein entscheidendes Ereignis, daß der junge König, unter dessen Auspizien wir uns hier versammeln, ohne zu zögern den Moment für gekommen erklärte, für welchen sein Bund mit Preußen geschlossen sei. In Norddeutschland war man auf dem Lande bei aller Hingebung doch nicht ohne Sorge, als der Krieg erklärt wurde; alle Besorgnis schwand, als man vernahm, daß König Ludwig von Bayern den *Casus foederis* anerkannt habe.

Ich will nicht sagen, daß der Krieg nicht hätte geführt werden können, wenn Süddeutschland neutral geblieben wäre; aber er hätte niemals jenen nationaldeutschen Charakter angenommen und unendlich größere Schwierigkeiten dargeboten. Erst als die süddeutschen Waffen sich den preußischen zugesellten, wurde die deutsche Idee verwirklicht. Der Feldzugsplan der Franzosen wurde auf eine für sie unerwartete Weise durchkreuzt; sie mußten erleben, daß Deutschland ohne die Hilfe andrer europäischer Mächte, ja selbst ohne Teilnahme von Österreich, – das gewiß nicht wegen der Gesinnung der Bevölkerung, die für uns vielmehr nur die lebendigste Sympathie verriet, aber durch seine anderweite politische Beziehung veranlaßt eine neutrale Stellung annahm, – ihnen vollkommen gewachsen war. Die stärkere Vermehrung der germanischen Rasse gegenüber der romanischen hatte die früheren Unterschiede ausgeglichen. Alles aber bekam nun Leben durch die militärische Organisation, an welcher der preußische Staat fast in Voraussicht eines ähnlichen Falles in den letzten fünfzig Jahren fortwährend gearbeitet hatte, und der sich das übrige Deutschland anschloß.

Wo Waffen und Idee einen Bund schließen, sind sie immer unwiderstehlich gewesen; hier waren es die preußisch-deutschen Waffen und die deutsche Idee. Die Gleichartigen bildeten nun eine Waffengenossenschaft, die von vornherein, sowie sie mit dem Feinde zusammenstieß, der gegenüberstehenden ebenbürtig erschien und sich ihr im Laufe des Kampfes überlegen erwiesen hat. An allen großen Schlachttagen haben preußische, norddeutsche, süddeutsche Truppen zusammengewirkt: bei Weißenburg die Schlesier, Posener, Thüringer, Franken, Pfälzer; bei Wörth traten Württemberger und Badener hinzu. Bei Saarbrücken-Forbach Westfalen, Hannoveraner, brandenburgische und niederrheinische Regimenter. Bei Metz am 14. August Ostpreußen, Westpreußen und Westfalen; am 16. Brandenburger, Hannoveraner, Braunschweiger, Oldenburger, Schleswig-Holsteiner, Hessen-Darmstädter; am 18. außer diesen Sachsen, Pommern, das Gardekorps; am 31. August Ostpreußen, Mecklenburger, Hanseaten. Vor Sedan Sachsen aus dem Königreich und aus der Provinz, das vierte, das Gardekorps, das zwölfte Armeekorps; Altbayern, die großen Eifer bewiesen.

Wir sind alle erstaunt über die glänzende Siegeslaufbahn, welche im Laufe eines Monats durchmessen worden ist, voll Bewunderung über das Zusammenwirken der verschiedensten Kräfte nach einem vorausgefaßten und doch jeden Wechsel der Verhältnisse berücksichtigenden Plan, die Umsicht im großen, die unvergleichliche Tapferkeit im einzelnen. Ich will kein Wort weiter darüber sagen; der allgemeine Eindruck ist, daß damit zugleich einer der *Wendepunkte der Weltentwicklung* und politischen Gestaltung eingetreten ist, welche die Epochen scheiden. Wir sehen der neuen mit Hoffnung und Freude entgegen, obgleich alte Männer, wie mehrere von uns, sie nicht erleben werden. Doch ist es nicht unsres Amtes, in die Zukunft zu blicken oder Ratschläge für die Gegenwart zu geben, selbst nicht Ansprüche zu formulieren; wir bemerken nur, daß, indem sich eine neue Zukunft zu eröffnen scheint, unsre Vergangenheit Licht und neue Momente für ihre Würdigung empfängt.

Die Ereignisse, die unter der Rückwirkung des deutsch-französischen Krieges in Italien eingetreten sind und eintreten, kann man nicht ansehen, ohne des Zusammenhanges unsres alten

Reichs mit dem Papsttum zu gedenken. Wir sahen einen Pontifex, der ohne alle Rücksicht auf die den Staaten innewohnenden Bedürfnisse und gerechten Ansprüche eine Prärogative formulierte, die in den frühern Jahrhunderten zwar erhoben, aber niemals durchgeführt worden war. In einer großen Versammlung kirchlicher Würdenträger aus aller Welt, aber im Widerspruch mit der Mehrzahl der westlichen, namentlich der deutschen Bischöfe brachte er sie zur Anerkennung. Solange die deutschen Kaiser ihre Autorität aufrecht erhielten, waren Dinge dieser Art nie gelungen, denn das deutsche Bistum stand dem Kaiser immer mit seiner geistlichen Befugnis zur Seite. Gleich darauf wird die weltliche Macht des Papsttums im offenen Kampfe überwältigt, infolge der italienischen Idee, welche einst dem Papste selbst zu ergreifen nicht gelungen war. Alle die Ereignisse, welche die Jahrhunderte erfüllen, erhalten eine unmittelbare Bedeutung durch die Dinge, die vor unsern Augen vorgehn. Man sah, was ein Kaisertum wert war, welches, wenn auch in stetem Kampfe, die höchste Gewalt in der Kirche mäßigte, aber ihre Autonomie erhielt.

Eine andre Erinnrung, noch stärker durch die Tendenz eines nationalen Momentes, bilden die Verhältnisse des westlichen und östlichen Reichs. Die Teilungen des karolingischen Reichs, aus dem das ostfränkische, nachmals deutsche, und das westfränkische, nachmals französische, hervorgegangen, bekommen eine über die bloß territoriale Auseinandersetzung und die fürstlichen Erbansprüche hinausreichende Beziehung. Etwa vor tausend Jahren, im Sommer 870, fand die Zusammenkunft an dem Vorsprung der Maas zu Mersen zwischen Ludwig dem Deutschen und Karl dem Kahlen statt, in welcher über die Begrenzung ein Beschluß gefaßt wurde, der an die soeben vorliegende Frage unmittelbar anknüpft. Der Moselgau an beiden Ufern dieses Flusses, welcher Metz und Diedenhofen begriff, wurde zu dem östlichen Reiche geschlagen, und Straßburg mit seiner kirchlichen Metropole Mainz wieder vereinigt. Ich ziehe keine Folgerungen daraus, ich knüpfe keine Ansprüche daran; ich bezeichne nur die Tatsache, welch eine auf den heutigen Tag fortwirkende lebendige Beziehung in der Verabredung liegt, die vor tausend Jahren gepflogen wurde.

Das alte Reich war zur Behauptung seiner Sicherheit vortrefflich angelegt. Mir liegt es fern, die Entwicklung des westlichen Reiches als in stetem Übergriff in die Rechte seiner Nachbarn, namentlich der Deutschen, zu betrachten. Es war ihm gegeben, in einem Kampfe, der doch etwas Unvermeidliches hatte, inwiefern er zugleich gegen das überwältigende Umsichgreifen des plantagenetischen Vasallenverhältnisses gerichtet war, eine zentrale Macht von größerer Stärke zu entfalten, von der wir doch auch mannigfaltigen Vorteil empfangen haben, für Kultur und Gelehrsamkeit wie für den Staat. Auch will ich nicht unbedingt auf unsre Entzweiung schelten, die zu jenen Übergriffen Anlaß gab. Metz, Toul und Verdun wurden infolge der Streitigkeit Frankreichs mit dem Hause Österreich-Burgund, welches die reichsoberhauptliche Gewalt ausübte, und zugleich durch innere religiöse Kämpfe, welche eine Wendung gegen dieses Haus nahmen, dem Hause entfremdet. Um nicht dem in Aussicht stehenden Kaisertum Philipps II. zu verfallen und die Beschlüsse des tridentinischen Konzils annehmen zu müssen, haben die Protestanten unter Führung des geistvollen Kurfürsten Moritz von Sachsen es zugegeben, daß der König von Frankreich das Reichsvikariat in dieser Gegend in Besitz nahm. Es war ein Preis seiner Unterstützung, gelang aber durch eine eifrig katholische Partei in der Stadt. Karl V. erschien mit all seiner Macht zur Belagerung vor Metz, aber allzu ungünstige Jahreszeit und ein trefflicher Kriegsmann, der Herzog von Guise, der es verteidigte, nötigten ihn, gegenüber von Krankheit und Regenwetter die Belagerung aufzuheben.

Jedes Jahrhundert hat nun einmal seine eignen Aufgaben und Machtbedingungen. Aber man muß dessen gedenken, was im Laufe der Zeiten aus jenen Anfängen entsprungen ist. Unsre Entzweiung überstieg alles Maß. Als den Moment der tiefsten Erniedrigung des deutschen Reiches als eines Ganzen kann man die Überwältigung Straßburgs durch Ludwig XIV. betrachten, als eine der wichtigsten Reichsstädte, gegen den übermächtigen Nachbar allein gelassen, durch einen von demselben gewonnenen Magistrat im Gegensatz mit einer Bürgerschaft, die sich dennoch zu verteidigen wünschte, in die französische Hand geriet. Es ist ein großer historischer Augenblick, daß sie nach 189 Jahren ihrer Entfremdung fast an dem Jahrestage der ersten Eroberung Ludwigs XIV. wiedergewonnen ist. Und daß nun aus unsrer Entzweiung, welche in den erwähnten Zeiten so stark war, daß sie uns das Bewußtsein unsrer Nationalität kostete, dieses wiedererwacht und zu einer großartigen Erscheinung gebracht ist, das ist eben das welthistorische Ereignis, welches eine neue Ära verkündigt.

Wir nehmen nichts voraus, aber der Augenschein zeigt, daß das welthistorische Verhältnis, welches die letzten beiden Jahrhunderte beherrscht hat, sich umgestaltet und das Übergewicht sich auf die Seite des östlichen Reichs neigt, dem es jedoch nicht beikommt, die Freiheit des westlichen zu beschränken und zu beherrschen. Es kann nicht darauf ankommen andre zu erdrücken, sondern nur uns selber zu behaupten, die errungnen Siege dahin zu entwickeln, daß wir uns vor niemand zu fürchten haben und die Einheit der Nation wiedergewinnen, die uns mangelt, ohne die Besonderheiten, die auch ihre historische Berechtigung haben, zu vernichten.

Diesen Eindruck macht auch das Zusammenwirken aller deutschen Stämme und Staaten in diesem großen Kampfe. Die gemeinschaftlich bestandne Gefahr und die gemeinschaftlich errungnen Erfolge müssen allem menschlichen Ansehen nach alle wieder aufs engste zusammenknüpfen. Das, was geschehen, ist aber schon ein historischer Moment, der es vielleicht verdient auch hier zur Sprache gebracht zu werden, denn der Vergangenheit sind unsre Studien gewidmet, der Gegenwart unsre Sympathie, der Zukunft unsre durch beide berechtigten Hoffnungen und Wünsche.

Fürst Bismarck

Aus Rankes Nachlaß mitgeteilt von Alfred Dove. Ausgewählte Schriftchen. Entwurf einer Betrachtung zu Bismarcks 70. Geburtstag, 1885.

Der preußische Staat mußte von dem Druck, welchen die auswärtigen Verhältnisse ihm auferlegten, befreit werden. Der dänische, der österreichische und der französische Krieg sind daraus gleichmäßig hervorgegangen. Dem Einfluß einer fremden Nationalität auf das nördliche Deutschland, der auf einem dynastischen Verhältnis beruhte, welches eben unterbrochen wurde, mußte ein Ende gemacht werden, wenn die Nation jemals ihrer Einheit innewerden sollte. Aber der Hader, der zwischen den beiden in Deutschland vorwaltenden Mächten lange bestand und hierdurch noch geschärft wurde, konnte unmöglich länger fortdauern, wenn der preußische Staat seiner vollen Unabhängigkeit sich erfreuen sollte. War doch vor kurzem der Versuch gemacht worden, die Einheit der Nation in dem Hause Habsburg zur Darstellung zu bringen. Die Bundesfürsten, der Bundestag schienen sich dem zu fügen. Der gordische Knoten der deutschen Verwicklungen konnte nicht gelöst, er mußte zerhauen werden. Dies konnte nicht unternommen werden ohne Gefährdung der eignen Existenz: auf diese Gefahr hin wurde es unternommen. Aber dank der Ausbildung, welche eine lange vorausrechnende Sorge der Regierung dem militärischen Geiste des Volks und der Armee verschafft hatte, gelang es vollkommener, als man je erwartet hatte. Der einzige Bundesstaat, der sich dem wirksam entgegensetzte, wurde vernichtet. Dem alten Nebenbuhler wurde kein Fuß breit Landes entrissen; aber ein neuer Bund wurde geschlossen, der den Einfluß desselben auf das übrige Deutschland abschnitt.

Der Sieg von Sadowa eröffnete eine neue Ära für die Politik der Welt, nicht alle Welt aber akzeptierte ihn. Noch immer wollte Frankreich den Einfluß nicht entbehren, welchen es früher in Deutschland ausgeübt und zu Anfang des Jahrhunderts beinahe zu einer wirklichen Oberherrschaft ausgebildet hatte. Es hoffte noch immer, die Niederlagen, die es danach erlitten, durch eine neue Erhebung wettzumachen. Man hat später erfahren, wie tief das noch immer auf die Zersetzung in Deutschland wirkte; alle Hoffnungen, die alten Zustände wiederherzustellen, schlossen sich an Frankreich. An und für sich hätten die beiden Nationen wohl nebeneinander bestehen können. Unausgesetzte Eifersucht aber bewirkte endlich einen Bruch, der zum Kriege führte, in welchem die Monarchie Friedrichs des Großen den Sieg über die napoleonischen Tendenzen und ihre Streitkräfte davontrug. Hierdurch erst wurde die volle Unabhängigkeit gesichert. Was die politischen und militärischen Führer der letzten Jahrzehnte geträumt, wurde vollendet. Es liegt die größte Befriedigung des Selbstgefühls einer Nation darin, wenn sie weiß, daß auf Erden kein Höherer über ihr ist. Gleichsam von selbst geschah es dann, daß die preußische Monarchie sich zum *Deutschen Reich* erweiterte; alle die, welche den Sieg hatten erfechten helfen, nahmen Teil an der neuen Gestaltung.

Drei kriegerische Handlungen, deren wahre Ursache in der Entwicklung der inneren Kraft lag, deren Beginn und Gang jedoch nicht ohne den die auswärtigen Geschäfte leitenden *Minister* vollzogen werden konnte, welcher die Einheit der Idee in sich selbst trug und in jedem Moment der Differenzen gegenwärtig erhielt. Die größte intellektuelle Fähigkeit hatte sich mit dem universalen Interesse identifiziert. Notwendig fiel es ihr zu, dann auch den *Frieden* zu leiten, die allgemeine Teilnahme an der Besorgung der öffentlichen Angelegenheiten verfassungsmäßig zu sichern. Noch weniger als bisher könnte ich hier auf eine Einzelheit eingehen, ich will nur beim Allgemeinsten stehen bleiben, ohne die Irrungen zu berühren, die dann eintreten mußten und eingetreten sind. Das vornehmste Objekt von allen ist die Organisation der *nationalen Institute*, welche dem entsprechen mußte, was in den europäischen Staaten überhaupt die maßgebende konstitutionelle Idee geworden ist, zugleich aber das Verdienst hatte, das Volk selbst in seiner Tiefe zu ergreifen und heranzuziehen. Das gehörte nun einmal zu dem Ganzen der Umwandlung, die sich vollzog. Wir sind inmitten derselben begriffen. So widerwärtig und verabscheuungswürdig die Ausschreitungen sind, die dabei dann und wann vorkommen, so läßt sich doch erwarten, daß die Belleitäten des Umsturzes durch den Gedanken der allgemeinen Umfassung und Entwicklung aller Kräfte zurückgedrängt werden.

Aber noch etwas andres möchte ich von meiner Seite in Erinnerung bringen. Die wissenschaftlichen Studien, die nie in größrer Ausdehnung in Deutschland geblüht haben als heutzutage, bedürfen des Friedens, denn nur aus langjähriger Anstrengung und Arbeit der Gesamtheit und der einzelnen können große Resultate hervorgehen. Eine solche Epoche ist dem deutschen Geiste in den Jahren seit dem letzten große Kriege gewährt worden, ebenfalls hauptsächlich durch das Verdienst des Staatsmanns, der in jedem Augenblick den kriegdrohenden Impulsen entgegentrat und, indem er sie zurückwies, zugleich eine Art von Vorsitz in dem europäischen Rate davongetragen hat.

Noch ist aber auf diesem Wege viel zu tun übrig. Das innre Verständnis in der Nation selbst muß vollendet, die äußre Stellung nach allen Seiten hin gesichert werden. Wenn man den siebzigsten Geburtstag Bismarcks feiert, so geschieht das nicht allein in Bewunderung dessen, was durch ihn geschehen ist, sondern in der Erwartung, daß die Gründungen, die seinem Kaiser und ihm gelungen sind, für alle Zukunft bestehen und für jedermann die erfreulichsten Früchte, nicht der Ruhe, sondern der Tätigkeit hervorbringen werden. Das walte Gott!

Zum Kriege 1870/71

Sie haben mir schon einmal erlaubt, nach dem Jahre des inneren Krieges die öffentlichen Zustände zu erwähnen: was in einer zweifelhaften Lage gestattet werden konnte, ist heute, wie es mir scheint, nachdem die großen Bedenken gehoben sind und aller Partikularismus hinter dem Gemeingefühl verschwindet, doppelt an seinem Platze. Doch will ich nicht als Historiker zu Geschichtsforschern reden – denn dazu sind die Dinge zu neu und die vorliegenden Notizen zu wenig gesichtet – sondern nur als einer von den Millionen, die an den Ereignissen Anteil genommen haben, des Eindrucks gedenken, den sie schrittweise in ihrer Entwicklung hervorbrachten.

Wir fürchteten alle den Krieg, aber wir besorgten ihn nicht. Das Furchtbare daran war der Kampf zwischen den beiden militärisch und vielleicht auch intellektuell am meisten entwickelten Nationen; dem östlichen und westlichen Reiche, die einst aus dem karolingischen hervorgegangen, nahe zusammenhängend, jedoch in verschiedenen Richtungen entwickelt, hauptsächlich als die Träger der okzidentalischen Kultur auf dem Kontinent erschienen. Wer von uns allen ist ohne Einfluß des französischen Geistes geblieben? Der Formen ihrer Literatur, ihrer politischen Theorien und Tendenzen, ihrer gesellschaftlichen Ausbildung? Wie viele von uns haben sich der Gastfreiheit zu rühmen gehabt, mit der sie von den französischen Gelehrten aufgenommen und zur Benutzung der wissenschaftlichen Schätze zugelassen worden sind! Nicht in exklusiver Abschließung bestand das Wesen der französischen Hauptstadt, sondern darin, daß sie vermöge ihrer zentralen Lage den Mittelpunkt für Italien, Spanien, England und Deutschland bildete, dem sich auch die osteuropäischen Nationen und die Amerikaner anschlossen. Keine Nation ist für sich allein. Es gibt ein Gemeinsames, das sie untereinander verbindet, welches doch wieder einer jeden angehört. Aber mit der Wiederherstellung des Kaisertums kam auch ein andrer Geist, der auf die Wiederherstellung des allgemeinen Übergewichts, wenn nicht der Herrschaft, welche Frankreich unter dem ersten besessen hatte, hinzielte; es ließ sich ein unerfreulicher Geist bemerken, der, wie er auch die innere Kultur weniger pflegte, so durch den falschen Begriff Gloire zu Feindseligkeiten nach allen Seiten geneigt wurde. Nachdem von den alten kontinentalen Gegnern die beiden von alters her wichtigsten, zwar nicht niedergeworfen, aber doch besiegt worden waren, ließ sich bemerken, daß auch der dritte, Preußen, in dem Maße, als es in Deutschland mächtiger wurde, Eifersucht erregte. Aber wir besorgten doch keine Explosion. Denn die französische Regierung konnte unmöglich ein Interesse dabei haben, einen Kampf hervorzurufen, der, wenn er nicht nach Wunsch ging, sie selber zuerst mit Vernichtung bedrohte. Wir Deutsche waren ganz vor kurzem in einer Streitsache, in der wir doch wohl ein gutes Recht hatten, einen Schritt zurückgetreten, um dem Gegner, dem wir sehr gewachsen, vielleicht in dem damaligen Zustand der Bewaffnung selbst überlegen waren, nicht zu jenem furchtbaren Kampfe Anlaß zu geben.

Da erscholl unerwartet, unmotiviert die Kunde von einer Herausforderung, die so gut wie eine Kriegserklärung war. Unleugbar ist, daß sie für Preußen und Deutschland mancherlei Gefahren in sich schloß. Alle Unzuständigkeiten, auf die man jenseits rechnete, traten auch diesseits ins Bewußtsein.

Die vornehmste war der nach den letzten Erschütterungen noch nicht wieder befestigte Zustand des deutschen Vaterlandes. Denn noch waren die zu einem größeren Ganzen geschlagenen Provinzen voll partikularer Gärungen. Der Norddeutsche Bund hatte erst seine Probe zu bestehen. Die Mainlinie schien die süddeutschen Mittelstaaten auf immer von demselben zu sondern, eine Annäherung an denselben sogar das eigne Selbst zu gefährden. Von Österreich setzte man voraus, daß es die Gelegenheit ergreifen werde, die zuletzt erlittenen Niederlagen durch offene Feindseligkeit zu vergelten. Der Feind rechnete darauf, durch eine Bedrohung der Seeküste unsere Streitkräfte zu teilen und in unserem Reiche die Erhebung besiegter oder beleidigter Nationalität zu entzünden. Von Verbündeten, die unsere Sache zu der ihren gemacht hätten, war nicht die Rede. Eben die schienen sich gegen uns zu erheben, um die wir uns das meiste Verdienst erworben hatten.

Wie gesagt, darauf rechnete der Feind. Er meinte wohl nicht, noch einmal das Deutschland vor sich zu haben, wie es zu den Zeiten Ludwigs XIV., der Revolution und der Weltherrschaft Napoleons bestand, oder vielmehr wie es der französische Historiker jener Epoche schildert, aber doch eine Analogie desselben, und war entschlossen, sie aufrechtzuerhalten. Bei allen Vorzügen der französischen Eigenart kann man sie doch von einer Selbstüberschätzung nicht freisprechen; die von der Literatur, auch der historischen gepflegt wird und das Gefühl einer großen Nationalität mit unwahrer Übertreibung versetzt. Sie kann kein Wort des Tadels ertragen und setzt eine Überlegenheit voraus, die in der Tat nicht stattfindet; denn dem, was anderwärts geschieht, hat man nur insofern Aufmerksamkeit gewidmet als es den eignen Gesichtspunkten entspricht. Was bei uns in Deutschland durch das Anwachsen des nationalen Gefühls, das sich mit Notwendigkeit aus ihren Angriffen und Gewaltsamkeiten entwickelt hatte, geschaffen wurde, wußten die Franzosen doch nicht zu würdigen. Sie hörten nur den Mißton des Widerstrebens und der Parteiung; der partikularistischen oder kommunistischen, oder ultramontanen; deren kleine Erfolge erschienen ihnen als die in Deutschland vorwaltenden Stimmungen. Trunken von dem Gefühl ihrer eignen Nationalität, hatten sie keine Vorstellung davon, wie tief und umfassend die deutsche sich rege.

Das erste, was wir nun erlebten, war die einmütige Beistimmung, welche die Zurückweisung der französischen Anmaßungen in dem ganzen Umfang des preußischen Staates fand. In Ortschaften, wo sich bei der letzten Anwesenheit des Königs keine Stimme für ihn geregt hatte, wurde er jetzt mit begeistertem Zuruf empfangen. Man war gleichsam glücklich, daß man durch eine große Angelegenheit in das Gemeingefühl des umgebildeten Staates gezogen wurde. Der deutsche Geist erstickte den antipreußischen. Die Hauptstadt empfing ihren zur Kriegsvorbereitung heimkehrenden Fürsten mit einer unbedingt würdigen und von aller Servilität freien Hingebung, welche in dem Monarchen den geheiligten Repräsentanten der Staatsgenossenschaft verehrt, und ihm ihre Dienste anbietet. Alle Parteien schwiegen, gleich als hätten sie sich das Wort dazu gegeben. Es war nur ein Gefühl, daß man sich mit äußerster Anstrengung zum Kriege rüsten und den Ausgang Gott befehlen müsse. Niemals waren die Kirchen so voll gewesen wie an dem Tage, welche diese Sache dem göttlichen Schutze befahl; die dem Staat durch den Norddeutschen Bund vereinigten Landschaften teilten diese Stimmung.

Nur eine Besorgnis konnte man hegen, daß die südlichen Mittelstaaten, die nicht zu demselben gehörten, der scheinbaren Unabhängigkeit eingedenk, die sie dem früheren Imperator verdankten, nach derselben zurückgreifen und sich dem neuen beigesellen, oder doch wenigstens eine neutrale Haltung einnehmen würden. Es läßt sich nicht mit Bestimmtheit sagen, inwieweit die feindlichen Pläne darauf berechnet waren. Daß man aber keinen Zweifel hegte, man würde einen großen Feldzug in Deutschland zu führen haben, nimmt man aus der Vorsorge ab, mit welcher sich die Offiziere mit Landkarten des vermeintlichen Kriegstheaters, des deutschen Landes überhaupt versahen. Die französische Phantasie ist noch von den Feldzügen des ersten Napoleon erfüllt infolge der Darstellungen durch Poesie, bildende Kunst und selbst einseitige Historie, der die französische Armee als unüberwindlich in sich selbst erscheint, und welche die Niederlagen nur immer von zufälligen Umständen herleitete und auf die Bedingungen der Siege keine Rücksicht nahm.

Man glaubte, noch immer Deutschland vor sich zu haben, wie es die revolutionären Heere und der erste Kaiser vor sich hatten. Da war es nun ein entscheidendes Ereignis, daß der junge König, unter dessen Auspizien wir uns hier versammeln, ohne zu zögern, den Moment für gekommen erklärte, für welchen sein Bund mit Preußen geschlossen sei.

In Norddeutschland war man auf dem Lande bei aller Hingebung doch nicht ohne Sorge, als der Krieg erklärt wurde; alle Besorgnis schwand, als man vernahm, daß König Ludwig von Bayern den *Casus foederis* anerkannt habe.

Ich will nicht sagen, daß der Krieg nicht hätte geführt werden können, wenn Süddeutschland neutral geblieben wäre; aber er hätte niemals jenen nationaldeutschen Charakter angenommen und unendlich größere Schwierigkeiten dargeboten. Erst als die süddeutschen Waffen sich den preußischen zugesellten, wurde die deutsche Idee realisiert.

Der Feldzugsplan der Franzosen wurde auf eine für sie unerwartete Weise durchkreuzt; sie mußten erleben, daß Deutschland ohne die Hilfe andrer europäischer Mächte, ja selbst ohne Teilnahme von Österreich, das gewiß nicht wegen der Gesinnung der Bevölkerung, die für uns vielmehr nur die lebendigste Sympathie verriet, aber durch seine anderweite politische Beziehung veranlaßt, eine neutrale Stellung annahm – ihnen vollkommen gewachsen war.

Die stärkere Vermehrung der germanischen Rasse gegenüber der romanischen hatte die früheren Differenzen ausgeglichen. Alles aber bekam nun Leben durch die militärische Organisation, an welcher der preußische Staat fast in Voraussicht eines ähnlichen Falles in den letzten fünfzig Jahren fortwährend gearbeitet hatte, und der sich das übrige Deutschland anschloß. Wo Waffen und Idee einen Bund schließen, sind sie immer unwiderstehlich gewesen; hier waren es die preußisch-deutschen Waffen und die deutsche Idee. Die Gleichartigen bildeten nun aber eine Waffengenossenschaft, die von vornherein, sowie sie mit dem Feinde zusammenstieß, der gegenüberstehenden ebenbürtig erschien und sich ihr im Lauf des Kampfes überlegen erwiesen hat.

An allen großen Schlachttagen haben preußische, norddeutsche, süddeutsche Truppen zusammengewirkt.

Bei Weißenburg die Schlesier, die Posener, Thüringer, Franken, Pfälzer; bei Worth traten Württemberger und Badenser hinzu.

Bei Saarbrücken-Forbach: Westfalen, Hannoveraner, brandenburgische und niederrheinische Regimenter.

Bei Metz am 14. August: Ostpreußen, Westpreußen und Westfalen.

Am 16. August: Brandenburger, Hannoveraner, Braunschweiger, Oldenburger, Schleswig-Holsteiner, Hessen-Darmstädter. Am 18. August außer diesen Sachsen, Pommern, das Gardekorps. Am 31. August: Ostpreußen und Mecklenburger, Hanseaten.

Vor Sedan: Sachsen aus dem Königreich und aus der Provinz Sachsen, das IV., das Gardekorps und XII. Armeekorps: Altbayern, die großen Eifer bewiesen.

Wir sind alle erstaunt über die glänzende Siegeslaufbahn, welche im Lauf eines Monats durchmessen worden ist, voll Bewunderung über das Zusammenwirken der verschiedensten Kräfte nach einem vorausgefaßten und doch jeden Wechsel der Verhältnisse berücksichtigenden Plan; die Umsicht im großen, die unvergleichliche Tapferkeit im einzelnen. Ich will kein Wort weiter darüber sagen; der allgemeine Eindruck ist, daß damit zugleich einer der Wendepunkte der Weltentwicklung und politischen Gestaltung eingetreten ist, welche die Epochen scheiden. Wir sehen der neuen mit Freuden und Hoffnung entgegen, obgleich alte Männer, wie mehrere von uns, sie nicht erleben werden; doch ist es nicht unseres Amtes, in die Zukunft zu blicken oder Ratschläge für die Gegenwart zu geben, selbst nicht Ansprüche zu formulieren.

Wir bemerken nur, daß, indem sich eine neue Zukunft zu eröffnen scheint, unsere Vergangenheit Licht und neue Momente für ihre Würdigung empfängt.

Die Ereignisse, die unter der Rückwirkung des Deutsch-Französischen Krieges in Italien eingetreten sind und eintreten, kann man nicht ansehen, ohne des Zusammenhanges unseres alten Reichs mit dem Papsttum zu gedenken. Wir sahen einen Pontifex, der ohne alle Rücksicht auf die den Staaten innewohnenden Bedürfnisse und gerechten Ansprüche eine Prärogative formulierte, die in den früheren Jahrhunderten zwar erhoben, aber niemals durchgeführt worden war. In einer großen Versammlung kirchlicher Würdenträger aus aller Welt, aber im Widerspruch mit der Mehrzahl der westlichen, namentlich der deutschen Bischöfe, brachte er sie zur Anerkennung. Solange die deutschen Kaiser ihre Autorität aufrechterhielten, waren Dinge dieser Art nie gelungen; denn das deutsche Bistum stand dem Kaiser immer mit seiner geistlichen Befugnis zur Seite. Gleich darauf wird die weltliche Macht des Papsttums im offenen Kampf überwältigt, infolge der italienischen Idee, welche einst dem Papst selbst zu ergreifen nicht gelungen war. Alle die Ereignisse, welche die Jahrhunderte erfüllen, erhalten eine unmittelbare Bedeutung durch die Dinge, die vor unsern Augen vorgehen. Man sah, was ein Kaisertum wert war, welches, wenn auch im steten Kampfe, die höchste Gewalt in der Kirche mäßigte, aber ihre Autonomie erhielt.

Eine andre Erinnerung, noch stärker durch die Tendenz eines nationalen Moments, bilden die Verhältnisse des westlichen und östlichen Reiches. Die Teilungen des karolingischen Reiches, aus dem das ostfränkische, nachmals deutsche und das westfränkische, nachmals französische hervorgegangen, bekommen eine über die bloße territoriale Auseinandersetzung und die fürstlichen Erbansprüche hinausreichende Beziehung.

Etwa vor tausend Jahren, im Sommer 870, fand die Zusammenkunft an dem Vorsprung der Maas zu Mersen zwischen dem ostfränkischen König, Ludwig dem Deutschen, und dem westfränkischen, Karl dem Kahlen, statt, in welcher über ihre Begrenzung ein Entschluß gefaßt wurde, der an die soeben vorliegende Frage unmittelbar anknüpfte. Der Moselgau an beiden Ufern dieses Flusses, welcher Metz und Diedenhofen begriff, wurde zu dem östlichen Reiche geschlagen und Straßburg mit seiner kirchlichen Metropole Mainz wieder vereinigt.

Ich ziehe keine Folgerungen daraus, ich knüpfe keine Ansprüche daran; ich bezeichne nur die Tatsache, welch eine auf den heutigen Tag fortwirkende lebendige Beziehung in der Verabredung liegt, die vor tausend Jahren gepflogen wurde.

Das alte Reich war zur Behauptung seiner Sicherheit vortrefflich angelegt.

Mir liegt es fern, die Entwicklung des westlichen Reichs als in stetem Übergriff in die Rechte seiner Nachbarn, namentlich der Deutschen, zu betrachten.

Es war ihm gegeben, in einem Kampf, der doch etwas Unvermeidliches hatte, inwiefern er zugleich gegen das überwältigende Umsichgreifen des Plantagenetischen Vasallenverhältnisses gerichtet war, eine zentrale Macht von größerer Stärke zu entfalten, von der wir doch auch mannigfaltigen Vorteil empfangen haben, für Kultur und Gelehrsamkeit, sowie für den Staat.

Auch will ich nicht unbedingt auf unsere Entzweiung schelten, die zu jenen Übergriffen Anlaß gaben.

Metz, Toul und Verdun wurden infolge der Streitigkeit Frankreichs mit dem Hause Österreich-Burgund, welches die reichsoberhauptliche Gewalt ausübte, und zugleich durch innere religiöse Kämpfe, welche eine Wendung gegen dieses Haus nahmen, dem Reiche entfremdet. Um nicht dem in Aussicht stehenden Kaisertum Philipps II. zu verfallen und die Beschlüsse des Tridentinischen Konziliums annehmen zu müssen, haben die Protestanten unter Führung des geistvollen Kurfürsten Moritz von Sachsen es zugegeben, daß der König von Frankreich das Reichsvikariat in dieser Region in Besitz nahm.

Es war ein Preis seiner Unterstützung, gelang aber durch eine eifrig katholische Partei in der Stadt. Karl V. erschien mit all seiner Macht zur Belagerung von Metz. Aber allzu ungünstige Jahreszeit, und ein trefflicher Kriegsmann, der Herzog von Guise, der es verteidigte, gegenüber von Krankheit und Regenwetter nötigten ihn, im Jahre 1553 die Belagerung aufzuheben.

Denn jedes Jahrhundert hat nun einmal seine eignen Aufgaben und Machtbedingungen.

Aber man muß dessen gedenken, was im Laufe der Zeiten aus jenen Anfängen entsprungen ist.

Unsere Entzweiung überstieg alles Maß. Als den Moment der tiefsten Erniedrigung des Deutschen Reiches als eines Ganzen kann man die Überwältigung Straßburgs durch Ludwig XIV. betrachten; als eine der wichtigsten Reichsstädte, gegen den übermächtigen Nachbar allein gelassen, durch einen von demselben gewonnenen Magistrat im Gegensatz mit einer Bürgerschaft, die sich dennoch zu verteidigen wünschte, in die französische Hand geriet. Es ist ein großer historischer Augenblick, daß sie nach 189 Jahren ihrer Entfremdung fast an dem Jahrestage der ersten Eroberung Ludwigs XIV. wiedergewonnen ist.

Und daß nun aus unserer Entzweiung, welche in den erwähnten Zeiten so stark war, daß sie uns das Bewußtsein unserer Nationalität kostete, dieses wieder erwacht und zu einer großartigen Erscheinung gebracht ist, das ist eben das welthistorische Ereignis, welches eine neue Aera verkündigt.

Wir nehmen nichts voraus; aber der Augenschein zeigt, daß das welthistorische Verhältnis, welches die letzten beiden Jahrhunderte beherrscht hat, sich umgestaltet und das Übergewicht sich auf die Seite des östlichen Reiches neigt, dem es jedoch nicht beikommt, die Freiheit des westlichen zu beschränken und zu beherrschen.

Es kann nicht darauf ankommen, andre zu erdrücken, sondern nur uns selber zu behaupten, die errungenen Siege dahin zu entwickeln, daß wir uns vor niemand zu fürchten haben und die Einheit der Nation wiedergewinnen, die uns mangelt, ohne die Besonderheiten, die auch ihre historische Berechtigung haben, zu vernichten.

Diesen Eindruck macht auch das Zusammenwirken aller deutschen Stämme und Staaten an diesem großen Kampfe. Die gemeinschaftlich bestandene Gefahr und die gemeinschaftlich errungenen Erfolge müssen allem menschlichen Ansehen nach alle wieder aufs engste zusammenknüpfen. Das, was geschehen, ist aber schon ein historischer Moment, der es vielleicht verdient, auch hier zur Sprache gebracht zu werden; denn der Vergangenheit sind unsere Studien gewidmet, der Gegenwart unsere Sympathie, der Zukunft unsere durch beide berechtigten Hoffnungen und Wünsche.

Rede von 1871

Vergönnen Sie mir noch ein Wort über die allgemeinen Verhältnisse.

Als wir vor einem Jahr beisammen waren, hatten sich die Begebenheiten, die das Jahr 1870 ewig auszeichnen werden, bereits in der Hauptsache vollzogen: die Deutschen aus den verschiedenen, so lange getrennten Landschaften bekämpften den gemeinschaftlichen Feind mit wetteifernden Anstrengungen und einem diesen entsprechenden unvergleichlichen Erfolg. Wenn die Nation wieder enger vereinigt werden sollte, so konnte es nicht durch Beratungen bewirkt werden, die immer einen jeden an sein besonderes Interesse mahnen, sondern nur durch eine große Handlung, bei der das Gemeingefühl die Oberhand über die Besonderheit erhält, ohne diese jedoch zu vernichten. Wir begrüßten es als die ruhmwürdige Tat des jungen Fürsten, unter dessen Auspizien wir uns versammeln, daß er mit raschem Entschluß den Augenblick für gekommen erachtete, in welchem das schon früher, jedoch nicht ohne Vorbehalt, geschlossene Bündnis zu voller Ausführung gebracht werden müsse. Heute verdanken wir ihm noch eine andere Entschließung. Die im Sturme der drohenden und drängenden Ereignisse ins Leben getretene Verbindung mußte einen Namen haben. Es ging ein Gefühl durch die Nation, daß das Deutsche Reich und Kaisertum wieder hergestellt werden müsse. Man könnte ein Buch darüber schreiben, welche Wandlungen die Idee des Kaisertums in den verschiedenen Jahrhunderten erfahren hat. Es gab eine Zeit, wo das Kaisertum den Mittelpunkt, der abendländischen Nationen bildete: der Rang und das Emporkommen der deutschen Fürsten beruht darauf, daß sie es waren, die der gesamten Christenheit ein weltliches Oberhaupt gaben. In diesem Sinne ist jedoch das Kaisertum niemals vollkommen realisiert worden. Das römisch-deutsche Reich, wie es im zwölften und dreizehnten Jahrhundert erscheint, war viel zu großartig angelegt, um in dem ganzen Umfange seiner Grenzen als eine Einheit zur Geltung zu kommen; aber allmählich erhielt die ursprünglich universale Idee eine lediglich deutsche Bedeutung. Die Kaiser hörten auf in Rom gekrönt zu werden; aber die in Deutschland erwählten Könige behielten die Würde, auch ohne die Krönung. Bei allem Gegensatz der auseinanderstrebenden Territorialmächte wurde die Autorität des Kaisertums nicht aufgegeben, so lange bis das Reich unter Einwirkung eines fremden Eroberers in seinen Formen zertrümmert, bald darauf aber nach dessen Sturz in einen Bund unabhängiger Fürsten verwandelt wurde. Sollten nun diese, namentlich die gleichberechtigten Könige, einen Kaiser über sich erkennen? Darin lag doch die einzige Lösung der vorliegenden Frage. Der König von Bayern, der mächtigste unter ihnen, ergriff dabei die Initiative; denn, wie die alten Traditionen es mit sich brachten, von den Fürsten selbst mußte die Wiederherstellung des Kaisertums ausgehen. Daß dies geschehen, ist an und für sich von der größten historischen Wichtigkeit.

Die Tatsache an und für sich verknüpft die Jahrhunderte unserer Geschichte: sie ist der Ausdruck des Gemeingefühls der Nation, wie es von Urzeiten her gebildet die Gegenwart erfüllt. Und dadurch, daß die neue Würde erblich übertragen worden ist, bietet sie eine Gewähr der Einheit für die Zukunft, wie sie noch niemals vorhanden war.

Nur noch ein Moment war unerledigt. Einer der großen Stämme der Nation, durch den Lauf der Ereignisse auch von den letzten gemeinsamen Kämpfen und von der dadurch bedingten Gemeinschaft des neuen Reiches ausgeschlossen, schien sich sogar feindselig gegen dieselbe zu verhalten. Auch dieser Übelstand ist durch die jüngsten Ereignisse gehoben worden. Das Kaisertum Österreich und das deutsche Kaisertum sind in ein enges Verständnis miteinander getreten, das jede Feindseligkeit ausschließt. Am Tage liegt, daß Österreich und Preußen, bei dem Gegensatz, der sie voneinander trennt, zusammen nicht wohl Mitglieder des Reiches sein konnten, wenn dies zu innerer Gleichförmigkeit und wirksamer äußerer Aktion gelangen sollte. Unter der ausschließenden Führung Preußens hat sich eine Macht gebildet, welche auch ohne Teilnahme Österreichs den Feind bestanden hat, dem wir in früheren Zeiten eben infolge jener inneren Spaltungen mehr als einmal unterlegen waren. Deutschland hat auch in dieser Beschränkung seine Stellung gewaltig eingenommen. Österreich hat nun seinen Anspruch, auf das Innere mitzuwirken, fallen lassen; das neue Reich ist mit ihm in einen Bund getreten, wie es den Verhältnissen einzig angemessen. Das gesammelte Nationalgefühl kann der Zukunft ruhig entgegensehen.

Die Ablehnung der deutschen Kaiserwürde 1849

Zur Geschichte Deutschlands und Frankreichs. Werke Bd. 49 u. 50 S. 508 ff. Briefwechsel Friedrich Wilhelms IV. mit Bunsen.

Die Frankfurter Versammlung ist dadurch einzig in ihrer Art, daß in ihrer Mitte alle Fragen über das Gesamtleben der Nation in freier Diskussion erörtert wurden und die verschiedensten Standpunkte wie in einer aneinander schließenden Kette ihre Vertreter fanden. Sie war gleichsam eine Akademie der politischen Wissenschaften in bezug auf die nationalen Anliegen, in Form einer Staatsgewalt, tatsächlich ohne alle Macht, aber, inwiefern sie ihren Beruf auf das Prinzip der Nationalsouveränität begründete, von alles umfassendem Anspruch. Neben dem Streite der Meinungen machten sich nun faktische Verhältnisse geltend, die auf den Ausschlag der Beratungen entscheidenden Einfluß übten. Ein solches war jene Erhebung der Radikalen, durch welche die Nationalversammlung, in ihrer Existenz bedroht, genötigt wurde sich den Mächten, deren Truppen sie ihre Rettung verdankte, anzuschließen. Die größte Rückwirkung auf die Versammlung entsprang aus der Ermannung dieser beiden Mächte selbst und ihrer siegreichen Haltung gegenüber den destruktiven Tendenzen, welche sie bisher zersetzt hatten.

Die Versammlung wurde inne, daß sie nicht mehr das entscheidende Wort zu sprechen hatte. Alles beruhte auf dem Verhältnis, in das sie sich zu der einen oder der andern setzen würde. In unmittelbaren Kontakt geriet sie mit den Ereignissen in Berlin, die eine Seite hatten, durch die sie ihr willkommen waren. Sie hatte zuletzt nichts dagegen, daß eine auf dem königlichen Willen einseitig beruhende Verfassung oktroyiert und angenommen wurde, denn diese war doch erfüllt von den Ideen der Zeit und stellte ein konstitutionelles Regiment in Aussicht; die in Frankfurt vorwaltende, mehr konservative Partei bekam dadurch neuen Rückhalt. Dagegen schnitt die Erklärung von Kremsier jede Hoffnung ab, die Frankfurter Beschlüsse in Österreich zur Geltung zu bringen. Die Entfernung der Österreicher aus dem Reichsministerium, die dann folgte, erweiterte die Trennung, so daß die umgebildete Zentralgewalt den schon angeregten Gedanken, zwischen Österreich und den übrigen deutschen Staaten zu unterscheiden und ersteres bei den ferneren Beratungen nicht mehr zu berücksichtigen, mit Entschiedenheit ergriff. Der Gedanke eines weitern Bunds; zu dem Österreich gehören, und neben ihm eines engern, von dem es ausgeschlossen sein sollte, wurde gefaßt und von der Mehrheit der Versammlung unter mancherlei Schwankungen doch zuletzt genehmigt.

Da war es nun von doppelter Bedeutung, daß eine verwandte Ansicht in Preußen sich Bahn brach, und zwar wie im Staate so auch bei König Friedrich Wilhelm IV. An sich durch die Erinnerungen an den letzten großen Krieg und durch den gemeinschaftlichen Gegensatz gegen die Revolution an Österreich gefesselt, gab doch der König der Überzeugung Raum, daß eine Regeneration von Deutschland, wie auch er sie billigte, in Verbindung mit Österreich unmöglich sein würde. Bei aller Rücksicht, mit der die Zirkularnote abgefaßt war, enthält sie doch eine Abwendung von der österreichischen Idee zu der deutschen. Wenn nun dergestalt Berlin und Frankfurt sich in einem und demselben Gedanken begegneten, so waren sie doch darum bei weitem nicht einverstanden. Der König wollte vor allem das Recht des Fürstentums, als dessen Sachwalter er sich ansah, und sein eignes anerkannt wissen, die Versammlung in Frankfurt dagegen die Verfassung zustande bringen, mit der sie schon so lange beschäftigt war. Deren Konsequenzen schlossen Österreich aus. Von geistvollen mitbeteiligten Männern ist zwar bedauert worden, daß man nicht auch ferner solche Beschlüsse faßte, denen Österreich beitreten konnte, aber das lag außerhalb der Folgerichtigkeit der Tatsachen.

Für Österreich erschien es sogar unter den damaligen Umständen als eine Notwendigkeit, auf die Vereinigung seiner deutschen Landschaften mit Deutschland Verzicht zu leisten, um dieselben für seine eigne innre Konsolidation und Macht ungeirrt verwenden zu können. In Österreich wollte man das nicht Wort haben; man glaubte noch mit der eignen Rekonstruktion eine vorwaltende Macht in Deutschland verbinden zu können. Es gab eine mächtige Stimme in Europa, die dem widersprach: in England meinte man ein entschiednes Übergewicht Österreichs auf dem Kontinent nicht dulden zu können und von dem fortwährenden Konflikt in Deutschland die widerwärtigsten Folgen fürchten zu müssen. Denn wie leicht, daß Frankreich sich einmal wieder erhebe und in Süddeutschland Meister werde; selbst ein russisch-französisches Supremat lasse sich besorgen. Als das wünschenswerteste betrachtete man auch dort, daß sich Österreich für sich selbst rekonstruiere mit Einschluß seiner deutschen Provinzen, das übrige Deutschland aber sich um Preußen zu einem engern Bunde vereinige. Wenn man zweifeln mußte, daß der König von Preußen mit der erforderlichen Entschiedenheit dazu die Hand bieten werde, so wurde durch den vertrauten Vermittler zwischen den englischen Ministern und dem Reichsministerium diesem der Rat gegeben, sich nicht darum zu kümmern, sondern auf Grund der Machtvollkommenheit des Parlaments einen Beschluß über die Stellung herbeizuführen, welche Preußen in dem zu errichtenden Bundesstaate einzunehmen habe. Bei dem Gegensatz der Parteien und den steten Einwirkungen Österreichs auf dieselben hatte das die größten Schwierigkeiten, aber der Fortgang der innern österreichischen Angelegenheiten selbst, die Anfang März 1849 zu einer noch stärkern Erklärung über den zu bildenden unteilbaren unauflöslichen Gesamtstaat Österreich führten, überzeugte am Ende auch die wärmsten Anhänger dieser Macht, daß man das begonnene Verfassungswerk aufgeben müsse, wenn man sich nicht von ihr sondere. Auch sie richteten jetzt ihre Augen auf Preußen.

Es muß dieser Versammlung, die sich als den Ausdruck der Nationalsouveränität betrachtete, immer hoch angerechnet werden, daß sie in ihrem methodischen Gange an den Grundlagen eines geordneten Staatswesens festhielt, die Republik ausschloß, die monarchischen Gewalten anerkannte und der kräftigsten derselben, der preußischen, die Zentralgewalt anzuvertrauen die Absicht faßte. Die Gesichtspunkte, die hierfür in der Verhandlung entscheidend waren, erscheinen in einer Rede Soirons, worin ausgeführt wird, daß nur der mächtigste Fürst zum Oberhaupte tauge, weil nur er imstande sei das Widerstreben der an ihre Souveränität gewöhnten ehemaligen Reichsstände niederzuhalten. In den immer steigenden Zerwürfnissen der Versammlung erschien die einzige Rettung in der unverzüglichen Wahl des Königs von Preußen. Um diese zu bewirken, gingen die Altliberalen den Radikalen gegenüber noch einen Schritt weiter, als er ihrem System entsprach. Um der Mehrheit sicher zu sein, gaben sie ihren Gegnern das radikale Wahlgesetz nach, auf welchem diese bestanden, und fügten sich darin, dem künftigen Oberhaupte nur ein suspensives Veto zu bewilligen. Sie erschraken, aber gaben nochmals nach, als diese Beschränkung der höchsten Autorität auch auf Fragen der Verfassung ausgedehnt wurde, so daß deren Bestand nur eine sehr zweifelhafte Gewähr behielt. Um das Prinzip, die monarchische Gestaltung des Bundesstaats, zu behaupten, willigte man in eine an sich unwillkommene Beschränkung der obersten Gemalt in demselben, wenn diese dann nur dem mächtigsten Fürsten, dem König von Preußen, zufiel. Wohl wußte man, daß sich Friedrich Wilhelm diese Würde verbeten hatte; aber man hielt ihn für beugsam und rechnete auf seine Beistimmung im letzten Augenblick: hatte er sich doch nach langem Schwanken zuletzt entschlossen, im Widerspruch mit Österreich den engern Bund auch seinerseits anzubahnen.

Aufs neue wurde dergestalt dem preußischen Staate die Frage vorgelegt, inwiefern er nunmehr die Verbindung mit den deutschen Reformideen, wie sie sich im Parlament manifestierten, eingehen wolle oder nicht. Eine neue große Aussicht wurde ihm geboten, eben die, eine dominierende Stellung in Deutschland zu erlangen. Und mußte nicht auch dem Könige daran liegen, den Verwirrungen ein Ende zu machen, die Macht in die Hand zu nehmen? Ein starkes politisches Interesse sprach dafür, über die anstößigen Einzelheiten hätte sich später hinweggekommen lassen; die Überzeugung der meisten war, daß es dazu nur eines festen Willens bedürfe. An und für sich wäre nun auch König Friedrich Wilhelm IV. fähig und selbst geneigt gewesen, die höchste deutsche Würde anzunehmen. Es entsprach einem tiefen und berechtigten Ehrgeiz seines Herzens. Aus allem, was er dagegen sagt, leuchtet doch dieser Zug hervor: die Krone der Salier und Hohenstaufen an die Hohenzollern zu bringen, wäre ihm als der Gipfel persönlichen und dynastischen Glücks erschienen. In seiner Seele teilte er alle die Gefühle für Herstellung der deutschen Einheit, welche seine Zeitgenossen seit dem Jahre 1806 erfüllten. Aber auf der andern Seite zeigten sich doch die gewichtigsten Gegengründe. Einmal konnte sich der König des Gedankens nicht erwehren, der aus seiner historischen Anschauung entsprang, daß dem Hause Österreich die erste Stelle in Deutschland gebühre. Nicht als ob es nicht Fälle hätte geben können, in denen er die obere Leitung übernommen hätte; allein in diesem Augenblick, in welchem Österreich zu erneuter Macht gelangt war und die revolutionären Elemente siegreich bekämpfte, lag ein für ihn gültiger Anlaß dazu nicht vor. Alles, was er über sich gewinnen konnte, war jener Versuch, den engern Bund zustande zu bringen. Dies sollte jedoch mit möglichster Schonung Österreichs geschehen. Bei den Verhandlungen hierüber ist man dem Könige zuweilen schon zu weit gegangen; in seinem Unmut hat er einmal an Bunsen geschrieben (11. Febr. 1849), er habe die preußische Politik in die Hände des Staatsministeriums gelegt, sie sei hinfort nicht mehr die seine. Dazu kam eine wachsende Verstimmung des Königs über das Verhalten des Frankfurter Parlaments in der dänischen Angelegenheit, das dem besondern preußischen Staatsinteresse entgegenlaufe. Aber die Hauptsache war doch der Widerspruch, in welchem sich Friedrich Wilhelm mit den liberalen und radikalen Tendenzen der Versammlung befand. Seine ganze Gesinnung widerstrebte der Annahme der Krone, die ihm geboten wurde, denn dies Anerbieten trat ihm aus der Mitte der revolutionären Bewegung entgegen. Es hätte ihn sogar zur Teilnahme an derselben und zur Verteidigung der in Frankfurt auf Grundlagen, die er verabscheute, aufgebauten Beschlüsse verpflichtet. Überdies, er war viel zu sehr ein geborner Fürst und von dem ausschließenden Rechte des deutschen Fürstentums, über das Kaisertum, d. h. die höchste Würde auf Erden, zu verfügen, durchdrungen, als daß er nicht den Versuch der Versammlung, aus eigenmächtiger Erhebung diese Würde zu übertragen, als eine Usurpation und gleichsam als Standesbeleidigung betrachtet hätte.

In Friedrich Wilhelm lebte der Begriff der legitimen Gewalt, in Verbindung jedoch mit der freien Entwicklung, die sie gestattete. Der König ging nicht so weit, die Nationalversammlung von Frankfurt schlechthin zu verdammen; als Volkshaus oder als zweite Kammer hätte er sie anerkannt, aber er bestritt ihr die Machtvollkommenheit und konnte eine Krone nicht annehmen, in deren Übertragung der Begriff der Nationalsouveränität zur Erscheinung kam. Wir erwägen hier nicht die Berechtigung der entgegengesetzten politischen Systeme, aber vielleicht ist es dem Könige zuzuschreiben, wenn die Idee der Nationalsouveränität in Deutschland niemals festen Grund und Boden gefunden hat. Darauf beruht noch heute der Unterschied zwischen Frankreich und Deutschland. Noch ein andres Moment bestärkte den König in seiner Haltung; er sah die radikalen Elemente vor sich, welche er von ganzer Seele haßte und verabscheute. In ihrem Treiben sah er gleichsam ein satanisches Beginnen gegen Religion und Staat, dem er nicht Raum zu geben, sondern selbst mit dem Schwerte Gideons zu widerstehen die heilige Pflicht habe.

Am 27. März wurde in Frankfurt die Kaiserwahl definitiv und feierlich vollzogen. *Bunsen* , der die Nachricht davon am 31. erhielt, hat noch an demselben Tage dem König ausführlich darüber geschrieben, um ihm die Annahme der Wahl aufs dringendste *anzuraten* . Und nicht ohne Gewicht sind die Argumente, die er dafür anführt. Die Ablehnung würde, so sagt er, für die Person und das Haus des Königs, für die preußische Monarchie und die Zukunft von Deutschland gefährlich werden. Die Manifestation von Österreich, nach der dieses bei seinem Eintritt mit gesamter Macht in den deutschen Bund 38 Stimmen für sich habe, wahrend den Deutschen nur 32 zufallen sollten, mache jedes weitere Wort überflüssig. »Deutschland kann in Zukunft nur bestehen als freies Bundesreich neben dem österreichischen Gesamtstaate, dazu nur in Form eines Reiches mit einem erblichen Oberhaupte. Preußen hat zwischen dieser Stellung und einer kümmerlichen Abhängigkeit von Österreich und Rußland zu wählen. Ew. Majestät können das, was geschehen muß, vielleicht auf Ihre Lebenszeit verhindern. Geschehen wird es aber, denn das Gefühl Deutschlands, eine Nation zu sein und als solche dem Auslande gegenüberzustehen in Krieg und Frieden, ist unvertilgbar.« Damit biete sich jetzt die friedliche Überleitung der revolutionären Bewegung in ein parlamentarisch-monarchisches Gleise. Der König würde, wenn er ablehne, zugleich mit seiner Vergangenheit und seiner Zukunft brechen. Er drückt sich hierüber so stark wie möglich aus: der König, ein konstitutioneller Fürst, werde dieser Notwendigkeit nicht entgehen ohne eine Gegenrevolution oder Abdankung. Die Einwendungen, die man von dem Wahlgesetz oder dem nur suspensiven Veto hernimmt, schlägt er nur gering an, denn das erste sei ja das preußische System, das zweite habe in einem Bundesstaate nicht so viel zu bedeuten wie in einem Einzelstaate. Für eine unbedingte Annahme war Bunsen selber nicht. Das Verhältnis zu Österreich sollte doch auf Grund der Bundesakte aufrechterhalten, die Abänderung der Reichsverfassung durch einfache Majorität vorbehalten werden. Nur die Ablehnung bestritt er mit all seiner dringenden Lebhaftigkeit. Gewiß war es ihm Ernst mit der Verwandlung der demokratischen Bewegung in eine konstitutionelle. Das aber war es eben, wovon der König niemals zu überzeugen war. Er glaubte nicht anders, als daß die demokratische Bewegung sich seiner Macht bedienen wolle, um die revolutionären Ideen in Deutschland zur Geltung zu bringen.

Ehe dieser Brief Bunsens eintraf, hatte der König den entgegengesetzten Entschluß nicht etwa gefaßt, denn das war längst geschehen, aber feierlich ausgesprochen. Der Deputation, die ihm meldete, »daß ihn das Vaterland als den Schirm und Schutz seiner Einheit, Freiheit und Macht zum Oberhaupte des Reiches erkoren habe«, antwortete er: »In ihrer Botschaft erkenne er die Stimme der Vertreter des deutschen Volkes; sein Blick werde dadurch auf den König der Könige gelenkt und auf die Pflicht, die ihm als König von Preußen und als einem der mächtigsten deutschen Fürsten obliege; er danke für das Vertrauen das man ihm beweise, aber er würde heilige Rechte verletzen und mit sich selbst in Widerspruch geraten, wenn er ohne das freie Einverständnis der gekrönten Häupter, der Fürsten und freien Städte Deutschlands einen für alle, Fürsten und Stämme, entscheidenden Entschluß fassen wolle; von jenen müsse erst geprüft werden, ob die Verfassung den einzelnen und dem Ganzen fromme, ob er durch die ihm zugedachten Rechte instand gesetzt sein würde, die Geschicke des großen deutschen Vaterlands mit starker Hand zu leiten.« Eine Ablehnung für immer liegt darin nicht; aber dem Sinne gemäß, in dem er sich schon immer erklärt hat, fordert der König eine vorläufige Übereinkunft der Regierungen und der Versammlung, wie in bezug auf das Anerbieten selbst, so auch auf den Umfang der ihm zu übertragenden Gewalt. Zugleich spricht er seine Hingebung für die Sache und das Wohl Deutschlands auf das nachdrücklichste aus: in allen Gauen möge man verkündigen, daß Preußen in innern und äußern Gefahren der Schirm und Schild Deutschlands sein werde.

Indem aber der König die Krone, wie sie ihm von der Deputation angeboten wurde nicht annahm, hielt er doch an dem durch die Zirkularnote vom 20. Januar 1849 ergriffnen Standpunkt fest. In einem besonderen Erlaß erklärte er sich bereit, wenn es ihm von den deutschen Regierungen angetragen werde, unter Zustimmung der Nationalversammlung die provisorische Leitung der deutschen Angelegenheiten zu übernehmen und an die Spitze eines Bundesstaats zu treten, der aus den Staaten sich bilde, welche sich demselben freiwillig anschließen würden.

Nicht die Machtlosigkeit, sondern die Rekonstruktion von Österreich als europäischer Gesamtstaat verhinderte dessen gleichmäßige Teilnahme an den eigentlich deutschen Angelegenheiten. Ohne mit sich in Widerspruch zu geraten konnte der König daran denken, in der Reorganisation Deutschlands die leitende Rolle zu übernehmen. Wenn er den engern Bund zustande brachte, so gründete er um sich her ohne mit Österreich zu brechen, doch gleichsam eine neue Macht. Diesen Gedanken ergriff er, als er die Krone ablehnte, entschieden und bewußt als einzige Rettung der Idee der deutschen Selbständigkeit und Einheit gegen die Übermacht und auf den andern als deutschen Gesichtspunkten beruhenden Einfluß Österreichs. Diese Absicht sprach er aufs neue in einer Zirkularnote vom 28. April und in einem Manifest vom 15. Mai 1849 aus; alle seine politischen Handlungen in den Jahren 1849 und 1850 beruhen darauf.

Und schon kennen wir die europäische Tragweite dieses Vorhabens. Eine innre Konsolidation Deutschlands unter der Führung Preußens war besonders den *englischen* Ministern in hohem Grade genehm. Sie sahen darin eine Befestigung des durch die alten Verträge begründeten Gleichgewichts der Mächte, denn den kleineren Staaten würde es unmöglich sein, sich inmitten des demokratischen Garens und Wühlens in einer Stellung zu behaupten, in der sie die Übermacht von Frankreich abwehren könnten. Es war zugleich eine konservative und antifranzösische Tendenz, was die englischen Minister bewog sich zugunsten eines engern Bundes der deutschen Staaten unter der Hegemonie von Preußen zu erklären. Sie wünschten ein mächtiges Deutschland in der Mitte zwischen Frankreich und Rußland, das auf eignen Füßen stehend eine unabhängige Politik ergreifen und befolgen könne. Wieviel aber gehörte dazu, diesen Plan auszuführen! Die vornehmste Schwierigkeit entsprang aus der Vermischung zweier doch in der Tat weit auseinanderliegenden Gedanken. Der eine war die Erneuerung der alten deutschen Kaiserwürde mit einer sehr nach der Demokratie hinneigenden Verfassung, der andre das Zustandebringen des engern Bunds. Man könnte meinen, für die Nationalversammlung wäre der richtige Weg gewesen, sich auf das letzte zu beschränken und all ihr Ansehen auf dessen Durchführung zu verwenden. Das mag kaum möglich gewesen sein; wir streiten nicht darüber. Aber die Übertragung eines erblichen Kaisertums an die Krone Preußen, unschätzbar als Manifestation, hatte als politische Handlung von vornherein die schwersten Bedenken gegen sich. Denn in der Tat mußte man doch befürchten, wenn es auch nicht mit Bestimmtheit vorausgesehen ward, daß der König die Krone ablehnen würde. Dann mußte die Folge sein, wie sie es denn auch war, daß die konstitutionelle Partei, die jenen Beschluß herbeigeführt hatte, ihr leitendes Ansehen nicht behaupten konnte. Man erlebte sofort, daß die radikale Richtung in Frankfurt das Übergewicht erhielt; die Versammlung, in offenem Widerstreit mit der bestehenden Ordnung der Dinge, zerfiel in sich selbst und löste sich auf.

Sei es uns gestattet, dieser Reflexion, die freilich bestritten werden kann, noch eine andre von ebenso unmaßgeblichem Charakter über die folgenden Ereignisse hinzuzufügen. Ohne den Rückhalt, welchen die Versammlung für die nationalen Ideen bot, war es unmöglich, den engern Bund in einer dem Bedürfnis entsprechenden Weise zustande zu bringen. Der Dreikönigsbund, die Union, die Erfurter Versammlung bilden bedeutende Momente in diesen Bestrebungen; der König nahm daran persönlich den lebendigsten Anteil; aber Erfolg konnten sie nicht haben. Die Beredsamkeit, das Talent und die Energie von Radowitz, der dem König ebenso nahe stand wie Bunsen und als Vorfechter der Unionspolitik auftrat, vermochten nicht zum Ziele zu führen. In den *deutschen Fürsten* , die durch die Union einen Teil ihrer Souveränität verloren haben würden, fand diese Politik, die auf ihre freiwillige Beistimmung berechnet war, einen immer wachsenden Widerstand. Der österreichische Gedanke, den alten Bund wiederherzustellen, war notwendigerweise auch der ihre.

Und höchst ungünstig gestalteten sich die europäischen Verhältnisse in allen andern Beziehungen, namentlich auch in der dänisch-deutschen Frage. Friedrich Wilhelm IV. wollte nicht eigentlich Krieg gegen Dänemark, aber die eventuelle Losreißung Schleswig-Holsteins von dem Sundkönig, die Verbindung dieses Landes mit Deutschland. Hierbei aber stieß er auf den Gegensatz der Macht, auf deren Teilnahme und Unterstützung er sonst rechnete. England wollte Dänemark unter allen Umständen als Gesamtstaat erhalten wissen. Besonders verwundete den König, daß Palmerston hierbei auf Österreichs Seite trat, welches durch die Niederwerfung Ungarns und den Bund mit Rußland, der dazu geführt hatte, wieder erstarkt war und seinen alten Einfluß in Deutschland als dem Stützpunkt seiner Macht erneuerte.

Alle diese Umstände brachten den Konflikt hervor, der im Herbst 1850 zu offnem Kriege zu führen drohte. Preußen hatte die drei Mächte, die es als seine Verbündeten betrachtete, gegen sich; sie waren selbst mit Frankreich einverstanden. Man hat oft erzählt, Friedrich Wilhelm IV. habe den Aufforderungen zu schärferm Auftreten entgegnet, er sei kein Friedrich II. Aber dieser hatte bei seiner gefahrvollsten Waffenerhebung doch eine vorteilhaftere Stellung als Friedrich Wilhelm IV.; er hatte wenigstens eine von den großen Mächten auf seiner Seite. Und wie unendlich weit war seine schlagfertige Kriegsmacht im Verhältnis zu seinen Nachbarn dem Heere überlegen, welches Friedrich Wilhelm IV. damals ins Feld stellen konnte! Bei dem ersten Vorbereitungen zu einem Kampfe, bei der Mobilmachung zeigten sich die Mängel des militärischen Systems stärker als man irgend erwartet hatte. Indem man dann den Versuch machte, zu einem haltbaren Austrag zu gelangen, kam der Nachteil der Lage Preußens in der Übereinkunft, die es zu *Olmütz* eingehen mußte, zutage, noch mehr fast in den Konsequenzen, die aus derselben gezogen wurden. Unleugbar ist, daß diese Wendung der Dinge eine politische Niederlage in sich schloß.

Doch lag darin keineswegs eine definitive Entscheidung der großen Frage. Die Momente, die wir berührten, haben wie mit dem Vorangegangenen so auch mit dem Folgenden einen engen Zusammenhang. Seit diesem Mißerfolg traten die militärischen Interessen des Staats wieder in den Vordergrund, die Bedürfnisse der Armee fanden ausgiebigere Berücksichtigung, der Gedanke der Militärreorganisation konnte mit Entschiedenheit ergriffen werden. Die neuen Differenzen mit Österreich, welche eben in den Bundesangelegenheiten zum empfindlichsten Ausdruck kamen, riefen noch bei Friedrich Wilhelm IV. Entfremdung und Widerwillen gegen die Staatsmänner in Wien hervor und führten zu der Überzeugung, daß es für Preußen unmöglich sei, sich mit der zweiten Rolle in Deutschland zu begnügen. Der Gedanke des engern Bunds trat nach einigen Jahren unter dem Nachfolger Friedrich Wilhelms mit innrer Notwendigkeit wieder hervor und hat die Ereignisse herbeigeführt, welche Deutschland und Europa eine neue Gestalt gegeben haben. Dann konnte auch die Kaiserwürde unter Bedingungen, wie sie Friedrich Wilhelm IV. aufgestellt hatte, angenommen werden, allerdings nicht ohne daß das Machtverhältnis geändert worden wäre. Die Waffentaten, die dazu führten, gehören zu den glorreichsten, welche die Weltgeschichte kennt.

Über die Verwandtschaft und den Unterschied der Historie und der Politik

(1836)

Wie Ihnen wohlbekannt ist, verehrte Zuhörer, teuere Kommilitonen, gibt es nichts, was in diesem unserm Zeitalter die Menschen mehr beschäftigt hat und beschäftigt, als die Lust und Neigung, die Staaten zu verbessern und in andre Formen umzugießen. Von zwei Dingen, glaube ich, hat diese Begierde ihren Anfang genommen, teils vom Überdruß an den Einrichtungen unserer Altvordern, weil man meinte, daß sie von dem ursprünglichen Grundgedanken ihrer Urheber weit abgewichen und entartet wären, teils aber auch von einer gewissen vorgefaßten Meinung über die beste Staatsform, die, ich weiß nicht wie, in aller Seelen fast durch eine Naturnotwendigkeit eingezogen war, zu deren Regel die Staaten entweder auf einmal oder allmählich hinzuführen sie für das Beste achteten. Denn das würde man nicht mit Recht behaupten, daß nur unkundige und schlechte Menschen, von Begierde nach Neuerungen ergriffen, diesen Weg eingeschlagen hätten; vielmehr weiß man, daß es sehr treffliche, ihr Vaterland liebende und in Ehren stehende Männer waren, welche denselben Ansichten gefolgt sind oder sie doch von Anfang an wenigstens nicht verdammt haben. Doch ist es wunderbar, daß aus dieser allgemeinen Richtung der Geister und Gedanken die Früchte nicht hervorgegangen sind, welche davon erwartet werden durften. Denn wie viele Staaten gibt es wohl, die durch diesen Drang nicht verwirrt und erschüttert worden wären? Haben wir doch gesehen, daß eben durch die Verfolgung solcher Pläne, durch welche die Menschen wähnten sich zu Weisheit und Tugend emporheben zu können, sie zu völliger Blindheit und zu Verbrechen getrieben worden sind; ja, wir haben gesehen, daß der lobenswerte Eifer, eine schlechte und verkehrte Staatsform zu verbessern, sich in eine Ablehnung guter Gesetze, in offenen Aufruhr, endlich in eine Wut und Raserei, alles umzustürzen und umzukehren, verwandelte. Daraus ist ein Sturm hervorgebrochen, der den Lenker des Staates nicht mehr mit Klugheit die Zügel handhaben ließ und ihm nicht gestattete, das Schiff nach einem festen Plane zu lenken, den Leuten selbst aber die Fähigkeit nahm, nachzudenken und zu erkennen, was nützen oder schaden werde, so daß der glücklich war, der sich aus dem von finsteren Wolken umgebenen und von entgegengesetzten Winden bewegten Meere lebend und gesund gerettet hatte. Die Freiheit, welche man erstrebte, ist einigemal in die einem ehrenhaften Manne verhaßteste Knechtschaft umgeschlagen, in die Herrschaft, meine ich, eines törichten und grausamen Volkshaufens. Und fragt man, welche Gestalt der Staaten aus dem Wechsel der Unglücksfälle hervorgegangen sei, so wird man nichts finden, was auf festem Grunde ruhte, nichts, was jene Sicherheit gewährleistete oder nur verspräche, welche zu echter Bildung und Zucht des menschlichen Geistes notwendig erfordert wird. Ja, je mehr ein Staat durch jenen Strudel von Meinungen und Parteiungen erschüttert und zerrissen worden ist, in desto heftigeren Bewegungen treibt er sich noch jetzt herum und, um mit Vergilius zu reden, flutet er in der Glut der Leidenschaften hin und her. Dem, was gerecht und gesund ist, werden immer die extremsten Richtungen vorgezogen; und so ist heutzutage die Lage der menschlichen Dinge beschaffen, daß, wenn irgendwo ein Zwiespalt der Gemüter entstanden ist, dieser auch sonst ruhigere Völker plötzlich ergreift und vergiftet. Zuweilen kommt uns die Furcht an, es möchte sich die Reihe der überstandenen Unglücksfälle wieder erneuern.

Nun zweifle ich nicht, geehrte Zuhörer, daß die meisten von Ihnen nach den Gründen geforscht haben, warum doch so gerechter Hoffnung und Erwartung der Erfolg so wenig entsprochen habe. Diese Gründe sind, wie jedem einleuchtet, vielfacher Art und in anderen Reichen andere, können auch nicht ohne große Ausführlichkeit und nur von dem entwickelt werden, der dieses unser Zeitalter ganz genau kennen gelernt hat. Einen Grund aber gibt es und zwar einen sehr allgemeinen, der öfter als andere vorgetragen zu werden pflegt: über diesen will ich, wenn Sie mir Gehör schenken wollen, heute mich aussprechen.

Die Historie, sagt man, sei von den Neueren nicht nur nicht gehört, sondern absichtlich hinangesetzt worden: hätten sie deren Vorschriften beachtet und die fortlaufende Reihe von Tatsachen und ihre Notwendigkeit in Betracht ziehen wollen, so würde alles viel besser und mehr nach Wunsch gelungen sein. Dieser Grund trägt zwar den vollen Schein der Wahrheit an sich, ist aber dennoch keineswegs unzweifelhaft. Denn nicht wenige leugnen mit der größten Entschiedenheit, daß die Geschichte bei Anordnung eines Staates zu Rate gezogen werden könne oder müsse. Denn was habe die Geschichte, durch welche man sich die Kenntnis vergangener Zeiten verschaffe, mit der Verbesserung heutiger Staaten gemein? Zur Gründung oder Verbesserung von Staatsverfassungen bedürfte es einer ganz verschiedenen Wissenschaft. Die Historie entschuldige gewissermaßen die eingewurzelten Übel durch Nachweisung ihres Ursprungs: deren Heilung aber könne nur von den Vorschriften der in unsern Tagen erst entstandenen Wissenschaft, der Politik, entlehnt werden. Es gebe einen steten Fortschritt des menschlichen Geschlechts, und die Frage dürfe gar nicht aufgeworfen werden, was einst andere in ihrem Zeitalter getan haben, sondern lediglich, was heutzutage uns zu tun sei. Wenn man nicht wage, den eigenen Kräften zu vertrauen und auf neuen, noch unbetretenen Bahnen Neues und Besseres zu erstreben, so bieten die menschlichen Verhältnisse mehr das traurige Bild eines stehenden Gewässers oder unreinen Sumpfes, als den fröhlichen und heiteren Anblick eines dahinströmenden Flusses dar.

Und in der Tat, um zuzugestehen, was unleugbar ist, die Historie in der Verwaltung des Staates zu Rate zu ziehen, hat große Schwierigkeit, und zwar nicht bloß aus den Gründen, welche angeführt zu werden pflegen, wie ich sagte, sondern vorzugsweise, weil so sichere Vorschriften der Geschichte gar nicht überliefert werden, daß niemand an ihrer Wahrheit zweifeln könnte. Ist denn nicht jene glühende Begierde nach Neuerungen in die Geschichte selbst eingedrungen? Schriftsteller sind aufgetreten und treten täglich auf, die in der Historie weder etwas suchen, noch finden, als was mit ihrer politischen Doktrin gut übereinstimmt. Dieselben Meinungsverschiedenheiten, welche die Staaten in Parteiungen auseinanderreißen, sehen wir mit nicht minder heftigem Eifer in die Erzählung und Erforschung der Begebenheiten einführen. Man streitet über das Wesen und den Charakter des Mittelalters, über die ursprünglichen Sitten und Gewohnheiten der germanischen Nationen, über die Tugend der bei den Alten berühmtesten Männer, endlich über den Ursprung und Anfang des menschlichen Geschlechtes. Soweit entfernt ist die Historie davon, daß sie die Politik verbesserte, daß sie vielmehr gewöhnlich von ihr verderbt wird.

Was ist also zu urteilen, geehrte Zuhörer? Ist es wirklich wahr, was einige behaupten, daß es überhaupt in menschlicher Wissenschaft nichts gebe, was als völlig sicher und bestimmt bezeichnet werden kann? Kennen wir die Ereignisse der alten Zeit und ihre Geschichte, oder kennen wir sie nicht? Ist es möglich, ihre Natur und ihr Wesen genau zu wissen, oder werden wir in alle Ewigkeit damit unbekannt bleiben? Läßt sich nichts finden, wodurch sich ein wohleingerichteter Staat von einem verderbten, die tarentinische Verfassung von der römischen unterscheidet, nichts, wodurch die Tugend vom Laster verschieden ist? Das wolle Gott verhüten! die Menschen würden zur Tierwelt hinabgestoßen, alles würde dem Spiel eines blinden Zufalls dahingegeben werden. Nein, niemand kann leugnen, daß die Natur und die göttliche Vorsehung uns gestattet haben, einen tiefen Einblick in die Ursachen des Glückes und Unglückes zu tun, und zu unterscheiden, wie gute Gesetze von üblen Gewohnheiten verschieden sind. Niemand wird behaupten, daß wir an so großer Blindheit und Finsternis des Verstandes leiden, daß wir die Art und Weise früherer Zeitalter ganz und gar nicht in ihrem Unterschied zu erkennen vermöchten. Was also urteilen Sie, geehrte Zuhörer? Glauben Sie, daß eine solche Kenntnis vergangener Ereignisse gar nichts enthalte, was mit Nutzen auf Gegenwart und Zukunft bezogen werden könne? Wollen Sie annehmen, daß es keine enge Verbindung und Verwandtschaft der Historie mit der Politik gebe? Ich kann mir nicht denken, daß eine solche Ansicht ihre Beistimmung werde erlangen können. Dies allein ist fraglich, welches Verhältnis zwischen beiden obwalte. Und diese Frage kann zwar in unsern Tagen nicht ohne Gefahr der Verkennung aufgeworfen werden, empfiehlt sich jedoch, wenn ich mich nicht täusche, durch ihre Notwendigkeit und Nützlichkeit so sehr, daß ich mich nicht scheue, an sie heranzutreten, zumal in einer Versammlung, an deren Wohlwollen ich nicht zweifeln darf. Sprechen also will ich von der Verwandtschaft der Historie und Politik und werde zu zeigen versuchen, welches die Grenzen dieser Wissenschaften sind, wo die eine die andere berührt, wo sie sich zu trennen beginnen, welcher Unterschied zwischen ihnen stattfindet.

Gehen wir bei dieser Erörterung von der Historie als dem bekannteren Teile aus, so behaupten wir, daß deren Amt nicht sowohl auf die Sammlung der Tatsachen und ihre Aneinanderfügung, als auf das Verständnis derselben gerichtet sei. Nicht auf das Gedächtnis allein, wie einige glauben, bezieht sich die Historie, sondern Schärfe des Verstandes fordert sie vor allem. Nicht leugnen wird das, wer nur immer bedenkt, wie schwer es ist, das Wahre vom Falschen zu unterscheiden und unter vielerlei Berichten den, der in der Tat der beste ist, auszuwählen, oder wer auch nur durch Hörensagen den Teil der Kritik kennt, der im Umkreise der Historik zur Anwendung kommt. Und doch ist dies nur ein Teil der Aufgabe der Geschichtschreibung. Eine andere noch herrlichere und ungleich schwierigere Seite besteht darin, daß wir die Ursachen der Ereignisse und ihre Prämissen, dann daß wir auch ihre Folgen und Wirkungen beobachten, daß wir die Pläne der Menschen, sowohl die Irrwege, durch welche einige sich zugrunde richten, als die Klugheit, durch welche andere siegreich sind, genau unterscheiden, daß wir erkennen, warum der eine emporkommt, der andere unterliegt, wodurch die Staaten entweder sich stärken oder sich auflösen, kurz, daß wir ebenso gründlich die verborgenen Ursachen der Begebenheiten, als ihre offen hervortretende Gestaltung begreifen. Denn eben dies will, dahin vorzugsweise ist die Historie gerichtet. Denn wie die Naturwissenschaft einerseits die Gestalt der Naturwesen sorgfältig zu zeichnen unternimmt, andererseits aber Höheres erstrebt und die ewigen Gesetze, welche der Welt selbst und den einzelnen Teilen und Gliedern derselben gegeben sind, zu untersuchen sich bemüht, dann aber zu dem inneren Quell der Natur, aus dem alles hervorströmt, vordringt, gerade so ist es mit der Historie: wie sehr sie auch danach trachtet, die Reihenfolge der Begebenheiten so scharf und genau wie möglich aufzurollen und jeder derselben ihre Farbe und Gestalt wiederzugeben, und darauf den höchsten Wert legt, so bleibt sie doch bei dieser Arbeit nicht stehen, sondern schreitet zur Erforschung der Anfänge fort und sucht bis zu den tiefsten und geheimsten Regungen des Lebens, welches das Menschengeschlecht führt, hindurchzudringen. Bis zu solcher Höhe wähnen einige sich wie im Fluge emporschwingen zu können: darin aber täuschen sie sich und pflegen, indem sie statt der Juno eine Wolke umarmen, Formeln und leeren Wind für Wahrheit zu verkaufen. Einige aber werden sich durch ein dunkles Gefühl der Unzulänglichkeit ihrer Meinungen bewußt, nehmen zu philosophischen oder theologischen Lehren ihre Zuflucht und gestalten danach ihre Historie. Aus diesem ihrem Irrtum geht aber nicht hervor, daß der Zweck, den sie sich vorgesetzt haben, überhaupt in der Welt nicht existiere. Ihr Ziel erreichen sie nicht; aber das Ziel ist vorhanden. Die Palme des Sieges tragen sie nicht davon; aber einst wird es solche geben, welche nach Horatius' Ausspruch der zu Elis gewonnene Siegespreis im Bewußtsein himmlischen Glückes in die Heimat zurückbegleitet. Aber auf einem ganz andern Wege, als jene, werden diese, wenn ich nicht irre, vorwärtsschreiten müssen.

Da nämlich die Historie durch ihr Wesen Erdichtungen und leere Schattenbilder zu verschmähen genötigt ist und nichts als ganz Gewisses und Sicheres zuläßt, so bedarf es ebenso sehr der Besonnenheit als der Kühnheit des Geistes, da dieser einerseits das einzelne mit der größten Sorgfalt erforschen und Irrtümer gewissenhaft vermeiden soll, andererseits aber sich nicht durch die Mannigfaltigkeit der Dinge zerstreuen lassen darf, sondern das letzte Ziel mit unverrücktem Auge verfolgen muß. Obgleich nun dies Verfahren streng verbietet, alles im ersten Anlauf erfassen zu wollen, so führt es doch an jeder Stelle unsägliche Süßigkeit und Erquickung mit sich. Denn was kann es wohl Angenehmeres und dem menschlichen Verstande Willkommeneres geben, als den Kern und das tiefste Geheimnis der Begebenheiten in sich aufzunehmen und bei einem oder dem andern Volke zu beobachten, wie die menschlichen Dinge gegründet werden, Kräfte gewinnen, wachsen und gedeihen? Und wie dann, wenn man allmählich dahin kommt, daß man entweder mit gerechtem Selbstvertrauen ahnen oder vermittelst der schon geübten Schärfe der Augen vollständig erkennen kann, wohin in jedem Zeitalter das Menschengeschlecht sich gewandt, was es erstrebt, was es erworben und wirklich erlangt hat? Denn das ist gleichsam ein Teil des göttlichen Wissens. Eben nach diesem aber suchen wir mit Hilfe der Geschichte vorzudringen; ganz und gar in dem Streben nach diesem Erkennen bewegt sie sich. Wer möchte da fragen, ob dies nützlich sei oder nicht? Es genügt, zu erkennen, daß ein solches Wissen, wenn irgendein anderes, zur Vollkommenheit des menschlichen Geistes gehört.

Treten wir jetzt an die Politik heran; da diese, sie sei nun Kunst oder Wissenschaft, Staatsverwaltung ist, so müssen wir einiges über den Begriff derselben vorausbemerken. Vorzüglich, wenn ich nicht irre, tritt in den Staaten die Kontinuität des Lebens hervor, welche wir dem menschlichen Geschlechte zuschreiben. Menschen sterben, ein Zeitalter folgt dem andern oder wird von demselben verdrängt; Staaten aber, welche die Lebensdauer der einzelnen Sterblichen weit überragen, erfreuen sich eines sehr langen und immer gleichmäßigen Lebens. Ein Beispiel dafür mögen wir von Venedig entlehnen. Seitdem diese Stadt in den Lagunen des Adriatischen Meeres gegründet worden ist, sehen wir sie den Zeitraum eines Jahrtausends hindurch auf demselben Wege beharren, dem Meer sich vermählen, die Eroberung der angrenzenden Länder bald mit List, bald mit Gewalt versuchen, eine geheime Staatsgewalt schaffen, das Volk begünstigenden Adel unterdrücken – wachsen, sich kräftigen, blühen, allmählich sinken und untergehen –, so daß, wer die Geschichte Venedigs durchläuft, sich vorkommt, als ob er dieselbe immer bewundernswürdige Dauer und Reihenfolge eines einzelnen Menschenlebens durch verschiedene Zeitalter hindurch verfolgte und anschaute. Ähnlich unterscheidet Florus nicht ungeschickt gewisse Zeitalter des römischen Staatswesens. Untergang trifft zwar im Laufe der Zeit auch die Staaten selbst, und zwar nicht nur diejenigen, welche eines Siegers Gesetz und Oberhoheit dulden müssen, sondern auch, was auffällig ist, diejenigen, welche gesiegt und andern ihr Joch aufgelegt haben. Der römische Staat vermochte weder die alte Gestalt der städtischen Gesetze beizubehalten, noch sich überhaupt zu halten, seit die Stadt den Erdkreis zu beherrschen und zu regieren begonnen hatte. Denn die Natur der menschlichen Dinge bringt es so mit sich, daß der Teil, der am kräftigsten ist, er mag nun besiegt oder als Sieger den Kampfplatz verlassen, doch allmählich die Oberhand gewinnt und die Eigentümlichkeit des minder starken Teiles vernichtet. Eben dadurch wird aber zugleich bewirkt, daß das Leben nicht ganz zerstört wird oder irgend etwas völlig zugrunde geht. Scheint etwas unterzugehen, so schließt es sich nur an eine vollkommenere Gemeinschaft an und verschmilzt so mit ihr, daß ein neues Leben und eine andere Reihe von Begebenheiten entsteht, welche mit dem früheren Leben sehr eng zusammenhängt und sich rückwärts mit ihm verknüpft.

Fragen wir nun, was das sei, wodurch ein Staat, wie wir gesagt haben, lebt, so ist es auch hier nicht anders als bei dem Menschen, daß das Leben im Geiste und im Körper enthalten ist, so jedoch, daß vom Geist, als vom vorzüglicheren Teile, alles übrige abhängt. Obgleich es nun uns nicht gegeben ist, das Verborgene an das Licht zu ziehen, die Seele und ihre Tätigkeit, den Quell und den Strom des Lebens, nachzuweisen und durch gegebene Namen zu bezeichnen, so steht es uns doch frei, das vor Augen Liegende zu beobachten und daraus durch Nachdenken die Geheimnisse entferntliegender Ursachen zu erschließen. Denn der Geist kann nicht mit den Händen betastet oder mit den Augen berührt werden: an seinen Erfolgen und seiner Wirkung wird er erkannt. Von Gott zu wähnen, daß er mit Augen geschaut werden könne, welcher Grad von Torheit möchte dazu gehören? Und doch wird niemand Bedenken tragen, zu behaupten, daß er sei und daß alles von ihm seinen Ursprung habe.

Ich komme nun zu dem, was ich zu beweisen unternommen habe. Da wir Staaten und Völker, sie mögen nun in weitere oder engere Grenzen eingeschlossen sein, sämtlich nach ihren eigenen Sitten, welche sie sehr häufig mit keinem andern Volke gemein haben, nach ihren eigentümlichen Gesetzen, ihren besonderen Einrichtungen leben und blühen sehen, so ist offenbar, daß jedes einen ganz bestimmten, von allen übrigen verschiedenen und gesonderten Charakter und ein eigentümliches Leben hat, von dem alles, was es besitzt und tut, sich herleitet. Da dem so ist, so ist nicht schwer zu sagen, welche Aufgabe und Pflicht diejenigen haben, welche die Staaten verwalten. Wie nun, geehrte Zuhörer? wird Ihr Urteil dahin gehen, daß diejenigen ihre Sache gut durchführen werden, die, durch gewisse lockende Meinungen in Vorurteilen befangen, alles Frühere als veraltet und nicht mehr zur Anwendung geeignet mißachten und beseitigen wollen und deswegen, ohne weiter auf Formen und Gesetze, welche durch den Gebrauch in Ansehen und geheiligt sind, Rücksicht zu nehmen, an Neuerungen denken, kurz, die den Staat, den sie nicht kennen, umzugestalten unternehmen? Mir scheinen sie in keiner Weise ihre Pflicht zu erfüllen, vielmehr, statt etwas aufzubauen, es niederzureißen. Laßt uns einen Mann hören, der in der Staatsverwaltung sehr geübt erscheint. »Jedes Volk«, sagt Cicero, »jedes Gemeinwesen, das eine Einrichtung des Volkes ist, jeder Staat, der des Volkes Sache ist, muß, um Dauer zu haben, nach einem bestimmten Plane regiert werden.« Wie sehr diese Ansicht mit der unsrigen übereinstimme, ergibt sich von selbst. Denn jedes Leben flieht seiner Natur nach den Tod und strebt nach Selbsterhaltung. So muß es uns als Hauptgesichtspunkt bürgerlicher Klugheit erscheinen, daß diejenigen, welche mit dem Ansehen obrigkeitlicher Ämter bekleidet sind und irgendeinen Teil des Staates zu verwalten haben, diesen pflegen, erhalten, zu immer höherer Vollkommenheit Tag für Tag weiter führen. Wie dies geschehen möge, lehrt Cicero an derselben Stelle, indem er hinzufügt: »Dieser Plan ist immer auf die Grundursache zurückzubeziehen, welcher der Staat seine Entstehung verdankt.« Denn in dieser Grundursache ist der Quell und Ursprung des inneren Lebens, von welchem wir reden, enthalten. Wie also der Lenker eines Schiffes wissen muß, was für ein Unterschied zwischen einem Kriegsschiff und Lastschiff ist, so wird kein Lenker eines Staates am Ruder sitzen dürfen, als ein solcher, der nicht allein die Beschaffenheit des Meeres, in welchem er fahren soll, sondern vorzüglich die Natur seines Staates vollkommen erkannt und ergriffen hat; wem diese Kenntnis abgeht, der täte besser, die Hand vom Steuerruder abzutun. Denn eben jene Einrichtungen, zu deren Erhaltung er dahin gesetzt ist, wird er notwendig verderben, die Lebenslust zerstreuen und vernichten. Ja, um zu sagen, was ich denke, nur der wird sich in der Politik auszeichnen können, der mit dem Wesen des Staates, dem er vorsteht, die innigste Verwandtschaft und Gemeinschaft gewonnen hat.

Bis hierher, geehrte Zuhörer, haben wir gesondert betrachtet, welches die Ämter der Historie und der Politik, welches ihre Grenzen sind. Nicht schwer wird es sein, daraus abzuleiten, was für ein Verhältnis zwischen beiden stattfindet, welches ihre Verwandtschaft und Verschiedenheit ist.

Zuerst ist klar, daß die Grundlage beider eine und dieselbe ist. Denn da es keine Politik gibt als die, welche sich auf vollkommene und genaue Kenntnis des zu verwaltenden Staates stützt – eine Kenntnis, die ohne ein Wissen des in früheren Zeiten Geschehenen nicht denkbar ist –, und da die Historie eben dieses Wissen entweder in sich enthält oder doch zu umfassen strebt, so leuchtet ein, daß auf diesem Punkte beide auf das innigste verbunden sind. Nicht sage ich, daß es ohne vollkommene Geschichtskenntnis überhaupt keine Politik geben könne. Denn es gibt einen Scharfsinn des menschlichen Verstandes, der gleichsam durch göttlichen Anhauch in die Natur der Dinge eindringt. Auch liegt es nicht in meinem Sinne, für die zur Staatslenkung geeigneten Männer eine eigentümliche Erziehungsmethode nachzuweisen; vielmehr erforsche ich das Wesen der Dinge, wenig darum bekümmert, ob eine sorgsam erworbene Bildung oder eine Art weissagender Ahnung mehr geeignet sei, jene Höhe, von welcher wir reden, zu ersteigen. Demnach ist es die Aufgabe der Historie, das Wesen des Staates aus der Reihe der früheren Begebenheiten darzutun und dasselbe zum Verständnis zu bringen, die der Politik aber, nach erfolgtem Verständnis und gewonnener Erkenntnis es weiterzuentwickeln und zu vollenden. Die Kenntnis der Vergangenheit ist unvollkommen ohne Bekanntschaft mit der Gegenwart; ein Verständnis der Gegenwart gibt es nicht ohne Kenntnis der früheren Zeiten. Die eine reicht der andern die Hände: eine kann ohne die andere entweder gar nicht existieren oder doch nicht vollkommen sein.

Dessenungeachtet gehöre ich nicht zu denen, welche der Meinung sind, daß nichts Neues geschehen dürfe. Wir wissen aus Erfahrung, daß, wie einmal die menschliche Natur für Fehler zugänglich ist, die menschlichen Dinge sich leicht zum Schlimmeren wenden. Wir sehen, daß, damit das Leben selbst fortschreite und dauernd in Fluß bleibe, täglich neue Unternehmungen erforderlich werden, ja daß auch Stürme notwendig sein können. Die politische Klugheit besteht nach unserer Ansicht nicht so sehr in Bewahrung, als in dem Vorwärtsbewegen und dem

Wachstum. Denn es fehlt noch viel, daß das Menschengeschlecht zur höchsten Vollendung aufgewachsen sein sollte. Die Historie selbst wäre zu ihren Grenzen und zu ihren ewigen Endzwecken gelangt, wenn wir nicht diese Höhe und Spitze zu erreichen weiterstreben wollten.

Dies ist, geehrte Zuhörer, die Verwandtschaft und Verschiedenheit der Historie und Politik, wie ich sie auffasse. Beide umfassen zugleich eine Wissenschaft und Kunst. Der Wissenschaft nach sind sie aufs engste miteinander verbunden, so jedoch, daß die eine mehr die Vergangenheit, die andre mehr die Gegenwart und Zukunft umfaßt. Weit mehr unterscheiden sie sich in Beziehung auf Kunst. Die Historie bezieht sich ganz auf die Literatur: denn ihre Aufgabe geht dahin, wie die Begebenheiten geschehen sind, wie die Menschen beschaffen waren, von neuem vor Augen zu stellen und das Andenken daran für alle Zeiten zu bewahren. Die Politik aber bezieht sich ganz auf das Handeln; sie strebt dahin, die Menschen durch die Bande des Staates zusammenzuhalten, durch die Weisheit der Gesetze den Frieden unter ihnen zu bewahren, sie durch freien Gehorsam zu verknüpfen, kurz dazu hinzuführen, daß sie im öffentlichen und Privatleben gut und recht handeln. Historie und Politik unterscheiden sich fast so, wie theoretische und praktische Philosophie; die eine bezieht sich auf die Schule und geschäftlose Menschen, die andre mehr auf den Markt, auf Zwiespalt und öffentliche Streitigkeiten; die eine wird im Schatten, die andre mehr im Lichte des Tages geübt; für die eine genügt es, zu erhalten, die andre erhält nicht nur, sondern schafft auch Neues.

Ich glaube, geehrte Zuhörer, Stimmen zu vernehmen von solchen, welche mir einwenden, daß es Teile der Politik gebe, welche mit der Geschichte nichts gemein haben und doch von der größten Wichtigkeit seien; in diesen werden die Naturgesetze der Staaten auseinandergesetzt, nicht nur die richtige Behandlung des Ackerbaues und der Wälder, sondern auch die Art, wie Geld einzunehmen und auszugeben sei, wie Städte verwaltet, Gerichte gehalten, Gesetze gegeben und durchgeführt werden sollen. Und in der Tat, ich möchte eine Wissenschaft nicht gering achten, welche so reich ist an Scharfsinn, Wahrheit und Nützlichkeit: vielmehr scheint sie mir nicht minder notwendig für den Staat als die Medizin für den menschlichen Körper. Denn auch die menschliche Gesellschaft hat gleichsam ihren eignen Leib; die Staatsökonomie zeigt, wie die Glieder des Staates miteinander verwachsen sind, legt uns ihre Arterien und Adern vor Augen, die Orte, wo Odem und Blut sich befinden, und lehrt, wie die gesunde Beschaffenheit des Staatskörpers bewahrt, die ungesunde geheilt oder ihr vorgebeugt werde. Von um so größerer Wichtigkeit ist sie, weil die Vernachlässigung ihrer Lehren nicht einem, sondern allen schadet, ja Verderben bringt. Dessenungeachtet schwächt dies nicht im mindesten unsere frühere Auseinandersetzung. Denn zuerst: der Historiker bedarf nicht viel weniger als der Politiker eine genaue und leicht zugängliche Bekanntschaft mit diesen Dingen, weil ja gar oft gerade auf diesem Gesundheitszustande des Staates die Ursachen der Ereignisse, die er erforscht, beruhen. Zweitens aber, und das ist die Hauptsache, jene Wissenschaft hat nicht so viel Gewicht und Ansehen, daß von ihr jede politische Handlung abhängen sollte. Denn wie ein kräftiger und gesunder Mensch, obgleich er die ärztlichen Vorschriften beachtet, doch weit von einem so speziellen Gehorsam entfernt ist, daß er das ganze Leben nach den Bestimmungen des Arztes einrichten sollte, sondern diese Folgsamkeit dem Kränklichen und Leidenden überläßt, geradeso ist es mit einem gesunden und weise eingerichteten Staate: er stützt sich zwar auf die Gesetze der Staatsökonomie und beobachtet sie stillschweigend, hält aber keineswegs so ängstlich an ihnen fest, daß er nichts tun sollte, als was ganz genau ihrer Regel angepaßt wäre; er leistet ihnen nie einen knechtischen Gehorsam. Andre Gesetze von höherer Bedeutung, großartigere Gesichtspunkte faßt er ins Auge, welche durch den Trieb des innern Lebens hervorgerufen werden, sich auf Geist und Herz beziehen, kurz die Menschen göttlicher Freiheit teilhaftig machen.

An dieser Stelle tritt unserer Betrachtung noch ein andrer Unterschied der beiden so eng verbundenen Disziplinen entgegen. Die Geschichte ist ihrer Natur nach universell. Zwar finden sich einige, welche all ihr Streben für ihr engeres Vaterland, für ihren Staat verwenden, zuweilen auf einen dunklen Winkel des Erdkreises sich beschränken: diese aber werden mehr von einer gewissen Vorliebe und Pietät, oder einer an sich recht lobenswerten Neigung zu sorgsamem Fleiß, als von jenem Drange nach Erkenntnis geleitet, welcher der Wissenschaft eigen ist;

denn dieser Drang wird von der Überzeugung, daß nichts Menschliches ihm fern und fremd sei, zur Umfassung des ganzen Kreises aller Jahrhunderte und Reiche fortgerissen. Ein ganz andres ist das Wesen der Politik; sie bezieht sich jederzeit auf einen einzelnen Staat, wird zu dessen Nutzen geübt, hängt deswegen notwendig von dessen Natur ab und schließt sich so in bestimmte Grenzen ein. Denn wer möchte es wohl unternehmen wollen, selbst und allein überall alle Staaten zu regieren? Glücklich, wer einem einzigen vorzustehen versteht. Unzählige gibt es, welche das Staatsschiff zu lenken unternehmen, sehr wenige, die nicht sofort wieder die Zügel aus der Hand zu legen gezwungen werden. Denn diese Kunst erfordert, wenn irgendeine andre, Schärfe des Verstandes, Kraft des Genius, der dazu geboren ist, zu entdecken und durch Denken zu ergründen, Tapferkeit der Seele und ist, wenn ich mich nicht täusche, die schwerste aller Künste.

Und so kehren wir dahin zurück, von wo wir ausgegangen sind. Denn darin irrten sich die Philosophen des nächstvorhergehenden Jahrhunderts, daß sie sich eine universale Doktrin ausgedacht hatten, nach welcher alles regiert werden müsse. Die ausharrende Arbeit der Studien, durch welche das einzelne erkannt wird, vermieden sie; ein solcher Ekel vor der seit langer Zeit in vielen Staaten, wie nicht geleugnet werden kann, eingetretenen Verderbnis der öffentlichen Verhältnisse hatte sie erfaßt, daß sie sich überredeten, alles nach dem Entwurf eines Bildes der besten Staatsform umgestalten zu müssen, den verschiedensten Völkern ein und dasselbe Gesetz gaben und eine gemeinsame Staatsform vorschlugen. Und so versuchten sie alles nur mögliche; als das vornehmste und zuerst zu erstrebende Verdienst erschien es ihnen, die von alters her bestehenden Einrichtungen zu lockern, zu zerreißen, zu vernichten: davon, so weissagten sie, werde ein Anfang gemeinsamen Glückes, die Rückkehr eines goldnen Zeitalters womöglich, erfolgen. Sie erkannten jedoch bald hernach selbst, daß man die Elemente und Anfänge der Dinge, welche der Gründung der menschlichen Gesellschaft gedient hatten, nicht ungestraft in Bewegung bringe und mitten in den Streit und den Zwiespalt führe; sie wurden belehrt, daß es in den Staaten eine besondere Eigenheit des Charakters gibt, welche durch Gewalt und Gewalttätigkeit zwar zurückgedrängt, nicht leicht aber ganz vernichtet und aufgehoben werden kann; sie erfuhren endlich durch persönliche Leiden die Habgier und Herrschsucht der schlechtesten Menschen, welche sie selbst aufgerufen hatten. Daher jene Männer, wenn sie auch die Luft reinigten, doch zugleich unermeßliches Mißgeschick über das Menschengeschlecht brachten und noch heutzutage, wie Spanien zeigt, dem Staate Unheil zu bereiten fortfahren.

Und nun wende ich mich an Sie, liebe Kommilitonen. Die Geschichte, deren Lehramt ich seit einigen Jahren verwaltet habe und heute durch einen feierlichen Akt übernehme, hat unzähliges Gute, wodurch sie sich empfiehlt, vorzüglich aber, wie wir eben gesehen haben, das, daß sie einer gesunden Politik den Weg bahnt und Dunkelheiten und Täuschungen abwehrt, welche in unserer Zeit selbst den besten Männern vor den Augen zu tanzen pflegen. Einige wiederholen uns immer von neuem, daß unser Zeitalter wegen der ausnehmenden Kunst der Handwerker und Fabrikanten, dann wegen der Herabführung mannigfacher Bildung bis zu den untersten Volksschichten, endlich wegen der allgemeinen Einsicht und Humanität in dem Grade alle früheren übertreffe, daß man von ihnen nicht einmal ein Beispiel entnehmen, viel weniger ein Gesetz herleiten könne. Groß erscheinen sie sich, wenn sie Eltern und Voreltern nicht im mindesten achten. Andre dagegen versichern, daß unser Zeitalter das schlechteste von allen sei, die jemals gewesen sind, daß es der Pietät, der Religion, der Tapferkeit, der Gerechtigkeit ermangle; ja, sie rufen klagend aus, daß es so von Fehlern wimmle, daß man an seiner Besserung verzweifeln müsse. Jenen sagt nur zu, was neu und unerhört ist: denn dies allein stimme am meisten mit dem veränderten Charakter der Zeitverhältnisse überein; diese dagegen billigen nichts, als was durch das Ansehen des Altertums bestätigt werde, und halten sich so nahe als irgendmöglich an die Fußstapfen der Altvordern. Die Geschichte aber belehrt uns, daß jedem Zeitalter seine eigne Fehlerhaftigkeit anhaftet und seine eigentümliche Fähigkeit zur Tugend beiwohnt, so daß wir weder zur Verzweiflung, noch zu Stolz und Übermut besonderen Grund haben. Auch das lernen wir, daß jedem Zeitalter seine eigne Aufgabe gegeben und vorgezeichnet sei und so auch dem unsrigen, welche mit Fleiß und Sorgsamkeit durchzuführen wir uns selbst anschicken müssen. Endlich erkennen wir, daß die menschlichen Dinge weder durch ein blindes, unvermeidliches Geschick geleitet, noch durch Truggebilde gelenkt werden, sondern ihre glückliche Durchführung nur von Tugend, Verstand und Weisheit abhänge. Diese Wissenschaft in Ihre Seele aufzunehmen, lade ich Sie ein, teure Kommilitonen: daß wir den Weg einschlagen, den sie uns zeigt, dazu mahnt uns das Vaterland, das Beispiel des Altertums und der neueren Zeiten, endlich die Natur und Notwendigkeit der Dinge selbst.